차를, 시작합니다

차茶를, 시작합니다

김용재 지음

오픈하우스

작가의 말

누구에게나 시작하게 되는 순간이 있다. 차에 매력을 느끼고 빠져드는 순간. 여행길 찻집에서 마신 차 한 잔이 그 계기가 되기도 하고, 전시장에서 우연히 마주한 소담스러운 찻잔 하나가 출발점이 되기도 한다.

그렇지만 연애를 시작할 때와 마찬가지로 차를 시작하는 과정 또한 녹록지 않다. 이렇게 해도 괜찮을지, 또 무엇이 필요할지 고민이 가득한 점도 닮았다. 선배에게 상담하든, 유튜브를 검색하든 연애 고민은 다양한 처방이 나와 있지만 차를 시작하는 이들은 물어볼 곳조차 마땅치 않은 것이 현실이다.

이 책은 이렇게 차와 연애를 시작하는 이들을 위한 연애 지침서이다. 2016년 5월부터 청년청담이라는 이름으로 매달 수많은 청년과 함께 차를 마시고 전국으로 차 문화 기행을 다니면서 묻고 답했던 내용을 담아냈다. 이런 걸 물어보면 내가 너무 바보 같을까 걱정하던 의문부터, 널리 알려진 차에 관한 불문율까지 함께 머리를 맞대고 비교하고 경험해온 이야기를 모았다.

책으로만 배운 연애가 실전에서는 좀처럼 효력을 발휘하지 못하는 것처럼 이 책 한 권 읽는다고 차와 사랑에 빠질 수 있을지는 알 수 없다. 그렇지만 지레 겁먹고 포기할 만큼 차가 어렵지 않다고, 호기심을 놓지 않고 각자의 호흡에 맞춰서 마시다 보면 어느새 차와 좋은 인연이 될 수 있다고 용기를 북돋고자 한다.

　　찻자리에는 정답이 없다. 차를 알아가는 과정은 밥을 짓고 음식을 하는 과정과 비슷하다. 조리사 자격증이 없어도 어머니가 해 주신 음식이 제일 맛있는 것처럼, 각자의 취향과 안목으로 경험이 쌓이면 내게 가장 어울리는 찻자리를 만들 수 있다. 가능하다면, 이 책을 통해서 타고난 미각이 있거나 자격증을 따야만 차를 잘 다룰 수 있다는 환상 또한 깰 수 있었으면 한다.

　　책을 쓰면서 한 가지 고민스러웠던 점은 전공자도 아닌 사람이 차에 관해 논해도 괜찮을까 하는 점이었다. 그럼에도 불구하고 용기를 낼 수 있었던 것은 전문적이고 체계적인 연구서 못지않게 독자들의 눈높이에서 길을 안내해줄 입문서도 필요하다고 생각했기 때문이다. 길잡이가 있다면 전문 산악인이 아니더라도 각자의 난이도에 맞게 산을 오를 수 있는 것처럼 말이다.

　　물론 친절한 가이드가 있더라도 자신의 취향을 찾고 안목을 쌓아가는 과정은 하루아침에 가능한 일이 아니다. 그렇지만 마실 차를 고르고, 다루는 단계부터 다양한 문화적 요소를 더해 자신만의 찻자리를 만들어가는 이야기를 쫓다 보면 독자들도 나아갈 길을 그려볼 수 있으리라 생각한다. 그 길에서 계절마다 마주하게 될 호사는 덤이다.

　　오늘도 묵묵히 차 문화에 벽돌 한 장을 올리는 전국의 공예가와 차농, 그리고 함께 다양한 경험을 쌓아온 청년청담 멤버들 덕분에 이 책을 쓸 수 있었다. 내 가슴에 차나무 씨앗을 처음 심어 주신 故 류정호 선생님께 이 책을 바친다.

목차

①

차
에

다
가
서
다

차茶를, 시작합니다

호기심,

차와 친해지는 지름길

　"같은 차인데, 왜 제가 우리면 맛이 다를까요?" 차를 시작하는 분들께 가장 자주 받는 질문이다. 분명히 맛을 보고 샀는데 집에 와서 우려보면 쓰거나 떫은 게 완전히 다른 차 같다는 것이다. 설명서에 온도와 시간, 물의 양을 맞추라고 적혀있는데, 차를 마시려면 온도계와 계량기도 사야 하느냐는 볼멘소리도 심심찮게 듣게 된다. 차마다 조건도 다르니 이리저리 헤매다 보면 차를 마실 기분이 사라진다며 고개를 젓는 이도 있다.

　다양한 음료 가운데서도 차가 유독 까다롭고 예민한 것은 사실이다. 차 맛에 영향을 미치는 요소도 다양하고 그 차이에 따라서 맛의 편차도 크다. 차를 시작하면서 마주하는 첫 번째 난관을 넘어서는 비결은 바로 호기심이다. 표준화된 정답을 외워서 차를 다루는 대신 이번에는 왜 쓰게 우려졌을까, 왜 싱겁게 우려졌을까 의문을 갖고 다시금 도전해보는 것이 중

동아시아차문화연구소에서 마시는 동춘차

요하다. 미켈란젤로의 말처럼, 호기심은 우리를 순수의 시간에서 만나게 한다.

차 맛에는 정답이 없다. 차마다 표준화된 레시피가 제공되기도 하지만 그것은 어디까지나 차를 만든 사람의 취향에 최적화된 기준이기에 개인 입맛과는 다를 수 있다. 예를 들어, 영국의 홍차 회사에서 권장하는 시간에 맞춰서 홍차를 우리면 한 모금 삼키기 어려울 만큼 쓴 경우가 종종 있다. 이 경우 차를 우리는 시간을 줄이거나 넣는 차의 양을 줄여보면 된다.

차를 우리는 과정은 밥을 짓는 과정과 닮은 점이 많다. 같은 쌀로 밥을 지어도 전기밥솥과 냄비에 한 밥 맛이 다르고, 넣는 물의 양에 따라서 밥이 질기도 하고 꼬들꼬들해지기도 하니 말이다. 새로운 쌀이라도 두어 번 밥을 짓다 보면 감이 잡히듯, 차도 호기심을 품고 도전하다 보면 내 입맛에 맞는 조건을 찾을 수 있게 마련이다.

차를 오래 마시거나 달리 수업을 받은 것도 아닌데 차 내공이 깊은 분들을 간혹 만난다. 비결이 무엇인가 여쭤보면 공통적으로 돌아오는 대답은 바로 호기심과 용기다. 궁금한 점을 감추지 않고 답을 찾아다니다 보니, 차에 대한 이해가 깊어지더라는 것이다. 누구든 각자가 경험하는 차 문화는 교유하는 사람, 사는 지역, 경제적 여건에서 자유로울 수 없다. 그 틀 속에 갇혀서 차에 대한 관심을 잃기도 한다. 그러나 그 틀을 깨고 나올 용기와 호기심이 있다면 새로운 세상을 만날 수 있다.

정릉 무위산방에서 마시는 무이암차

비교하면서 차 마시기

취향의
발견,

비교하며 마시는 차

요즘 유행하는 MBTI 성격유형 검사에 따르면, 호기심을 갖지 말라고 해도 궁금증을 참지 못하는 사람이 있는가 하면, 익숙하지 않은 것에는 별 관심이 없는 사람도 있다고 한다. 자신이 잘 모르는 분야가 그다지 궁금하지 않은 사람도 차에 관심을 가질 수 있도록 하는 방법이 바로 '비교하며 마시기'다.

비교라고 해서 실험실 비커처럼 정밀한 실험 도구가 필요한 것은 아니다. 그저 한 번 차를 마실 때 두 가지 이상의 종류, 혹은 방법으로 차를 우려서 비교하면서 마셔보라는 것이다. 별것 아닌 듯하지만 이렇게 차를 마시다 보면 한 가지만 마실 때는 모르고 스쳐 간 특징이 분명하게 드러난다. 도토리 키 재기처럼 차이가 느껴지겠나 싶었던 것들 사이에서 우열이 드러나기도 한다. 익히 마셔본 차를 기준으로 삼아서 다른 종류의 차에 대한 경험을 쌓기에도 좋은 방법이다.

차를 마시면서 유의해야 하는 점 가운데 하나는 바로 순간의 경험을 절대적인 기준으로 받아들이는 일이다. 차를 마시는 것은 퍼즐을 맞춰가는 것과 비슷하다. 조각 하나로 큰 그림을 예단할 수 없듯, 하나씩 비교하고 맞춰가며 자신에게 어울리는 그림을 만들어가는 과정에 비유할 수 있다. 즉, 어떤 차를 마실 때 몸이 더 편안한지, 그리고 어떻게 우렸을 때 더 맛있게 느껴지는지 관찰하는 경험이 쌓이다 보면 내게 맞는 차가 드러난다는 것이다.

비교하면서 마시는 방법의 효과는 청년청담 다회에서 2016년부터 매달 차를 함께 마시면서 실감한 바 있다. 매번 스무 명이 넘는 사람이 다양한 차를 비교하면서 함께 그 느낌을 공유하다 보니 일종의 빅데이터가 만들어진 셈이다. 이렇게 비교하는 과정에서 각자의 취향과 선호가 분명하게 나뉘지는 점이 흥미로웠다. 함께 다양한 차를 비교하고서 선호를 물어볼 때 어떤 이는 편히 마실 수 있는 가성비 좋은 차를 고르는가 하면, 한 번을 마시더라도 특별한 차를 택하는 이도 있었다. 몸의 반응에서도 차이가 드러났다. 같은 녹차를 마셔도 속이 불편한 사람이 있는가 하면, 홍차를 마셨을 때 불면증을 호소하는 사람도 있었다. 차마다의 품질 차이는 차치하더라도 많은 인원이 같은 조건에서 차를 마셨을 때 그 반응은 각기 달랐던 셈이다. 이 점을 고려하면, 사람마다 몸에 잘 맞는 차와 그렇지 않은 차가 있을 수 있다.

물론 이렇게 호기심을 가지고 비교하면서 차를 마시는 것은 열정 없이는 불가능한 일이다. 그렇지만 프랑스 문학가 아르센 우세Arsene Houssaye의 명언처럼 열정이 없는 사람은 꼼짝 않고 바람을 기다리는 배와 다름없으니, 이왕 차를 시작했다면 열정을 품고 비교하면서 차를 마셔보기를 권하고 싶다.

퍼즐을 맞추듯 취향을 찾아가는 과정

차벗,

차의
시작과 끝

서촌 북성재 한옥에서 함께 차를 마시는 청년청담

차에 있어서도 '빨리 가려면 혼자 가고, 멀리 가려면 함께 가라'는 옛말은 예외가 아니다. 차 맛에 집중하고 엄밀히 분석하기에는 방해꾼 없는 혼자만의 찻자리가 좋겠지만, 제아무리 특별한 차라도 그 경험에 공감해줄 사람이 없다면 맥이 빠지게 마련이다. 영화 〈캐스트 어웨이〉에서 톰 행크스가 배구공에게 윌슨이란 이름을 붙이고 대화 상대로 삼는 광경은 역설적이게도 그가 미쳐서가 아니라 미치지 않기 위한 노력이었던 것처럼 말이다.

차의 길을 함께 걷는 차벗의 존재는 앞서 언급한 호기심의 폭을 넓혀준다는 측면에서도 중요하다. 개인의 관심사와 정보는 한계가 있게 마련이지만 서로의 호기심과 열정이 모이고 더해지다 보면 시너지 효과를 발휘하기 때문이다. 청년청담이 2016년부터 매달 새로운 차 문화 행사와 다회를 이어올 수 있었던 것도 다양한 관심사를 가진 멤버들이 각자의 호기심을 풀어내는 플랫폼으로서의 정체성을 분명히 한 덕분이었다. 혼자서는 공상으로 끝났을 발상이 함께 모여서 의논하다 보니 현실로 옮겨질 수 있었다.

경제적 측면 또한 벗이 필요한 이유 중 하나다. 예를 들어, 피아니스트와 거문고 연주자의 음악을 들으면서 그 곡에 어울리는 차를 마시는 자리, 와인과 차 전문가의 설명을 들으면서 같은 품종의 포도와 차나무가 각기 다른 떼루아에서 자랐을 때의 차이를 비교하는 자리는 누구나 경험하고 싶어하는 선망의 찻자리이지만, 한두 사람이 감당하기에는 부담스러운 비용을 필요로 하기 마련이다. 이런 경제적 부담을 나눌 수 있는 차벗이 있다면 우리가 경험할 수 있는 차의 세계는 훨씬 넓어질 수 있다. 또한 하이엔드^{High-End} 문화로 갈수록 돈이 있다고 모든 것을 경험하거나 손에 넣기 어려워지기에, 각자 가지고 있는 재능과 네트워크를 더하고 잇는 노력의 가치가 더욱 커진다.

그렇다면 이런 벗은 어디서 구할 수 있을까? 역시나 정답이 없는 문제이지만 한 가지 방법은 역시 적극적인 소통이 아닐까 싶다. 특히 요즘처럼 SNS가 발달한 시대에 자신과 비슷한 취향과 고민을 가지고 있는 이들과 적극적으로 소통하면서 교류할 용기를 낸다면 나이와 인종을 초월한 벗을 만드는 것은 불가능한 일이 아니다. 함께 차밭 나들이를 다니던 선후배와 제자가 차벗의 전부였던 내가 다양한 차 인연을 만난 것은 인터넷 포털 사이트 카페와 블로그, 그리고 인스타그램 덕분이었다. 2013년, 15년 넘게 사용하던 차 도구를 깨뜨린 상실감 때문에 열심히 차 도구 구입처를 검색하다가 차 문화 관련 카페와 블로그를 찾은 것이 시작이었다. 이후 정모나 다회에 참가하면서 취미와 관심사를 공유하는 이들을 만날 수 있었다. 인스타그램으로는 저 멀리 바다 건너에서 차를 즐기는 이들과 친구가 될 수 있었다. 좋은 차벗을 얻기 위해서라면 기꺼이 시간과 노력을 기울일 가치가 있다고 생각한다.

북촌 이음더플레이스 한옥에 모인 청년청담

이야기를
마시는

음료

　오카쿠라 덴신은 차가 와인, 커피, 코코아보다 우월한 음료라고 주장하면서 "차에는 와인과 같은 오만함도, 커피와 같은 자의식도, 코코아 같은 멍청함도 없다"라는 이유를 들었다. 나도 오카쿠라 선생만큼이나 차를 사랑하는 사람이지만 이렇게 편파적인 평가에 고개를 끄덕이긴 쉽지 않다. 차는 음식과의 마리아주에서는 와인을 따라갈 수 없고, 이른 아침 우리의 잠을 깨우는 음료로 커피를 대체하는 것도 불가능하지 않은가.

　그럼에도 불구하고 어떤 음료에도 뒤지지 않는 차의 특별한 점을 하나 고르라면, 차가 담고 있는 무수히 많은 이야기를 꼽고 싶다. 차는 스토리텔링의 음료라 해도 과언이 아닐 정도로 다양한 이야기를 담고 있다. 영화 〈적벽〉에서 나오는 소교가 차를 다리면서 조조를 홀려서 남편 주유의 승전을 돕는 이야기, 『삼국유사』에 실린 충담 스님이 삼화령 미륵부처님

중국 복건성을 대표하는 명차, 대홍포.
명나라 황후의 병을 낫게 한 공으로
차나무가 붉은 비단옷紅袍을 하사받으면서 지어진 이름

열매와 꽃이 함께 매달려 있는 실화상봉수, 차나무

께 차 공양을 올리고 내려오는 길에 왕을 만나 차를 우려 드리면서 〈안민가安民歌〉를 지어 올리는 이야기까지 소재와 범위도 다양하다. 대홍포, 동방미인, 장군차 등 차마다 이름이 붙은 유래를 하나씩 풀어내기 시작하면 백과사전 한 권은 거뜬히 채울 수 있을 만큼 이야깃거리가 무궁무진하다.

차 문화가 동아시아 각지로 본격적으로 전파되기 시작한 당나라 시기부터 계산하더라도 1,000년이 훌쩍 넘는 세월 동안 마셔온 음료이니 당연한 일이라고 볼 수도 있지만, 다른 나무와는 달리 차나무가 가지고 있는 독특한 특성도 한몫을 했다고 보는 게 타당하다. 다른 나무는 일반적으로 꽃이 지고 난 자리에 열매가 맺혔다가 겨울이 지나기 전에 다 떨어져 버리는 반면, 차나무는 이듬해 새로 꽃이 필 때까지 그 열매가 나무에 매달려 있다. 그래서 열매와 꽃이 서로 만난다고 해서 실화상봉수實花相逢樹라고 부른다.

또한 차나무는 자연 상태에서 뿌리가 옆으로 뻗지 않고 아래로 뻗어 내려가는 직근성直根性 식물이기도 하다. 이러한 특징으로 인해 한국 전통 혼례에서 신부가 지참하는 예물 항목에 차나무가 들어가기도 한다. 그 집안에 뿌리를 내려서 지조를 지키라는 가부장적 사고를 담고 있다고 볼 수도 있지만, 아유타국 공주 허황옥이 금관가야 김수로왕에게 시집을 올 때도 차나무 씨앗을 예물로 가져왔다는 이야기가 『삼국사기』에도 기록되어 있을 만큼 그 연원이 오랜 전통임에 틀림없다.

물론 차에 담긴 스토리텔링 가운데는 믿거나 말거나, 전설 따라 삼 만리로 과장된 이야기도 많다. 또한 차를 많이 팔기 위해 차농이나 상인이 지어낸 이야기가 정설처럼 굳어서 널리 퍼진 경우도 적지 않다. 대만에서 온 차를 맛본 영국 빅토리아 여왕이 'Oriental Beauty'가 연상된다고 해서 동방미인이란 이름을 얻었다는 스토리가 대표적이다. 그러나 1920년대부터 생산이 시작된 이 차를 1901년에 승하한 빅토리아 여왕이 맛보기란 불가능하다. 1960년 영국에서 개최된 세계음식박람회에서 이 차가 은메달을 수상하자 이를 맛본 엘리자베스 2세 여왕이 붙인 이름이라는 설도 있지만 영국에서 공식 기록을 찾기는 어렵다.

대만 정부에 남은 기록에 따르면, 이 차의 원래 이름은 팽풍차膨風茶, 즉 허풍쟁이가 만든 차였다. 비속한 이름 때문에 판매가 부진하다는 지적이 나오자, 1982년 대만차엽개량장에서 개최한 세미나에서 유국화兪國華 행정원장이 동방미인으로 차 이름을 바꾸게 했다고 한다. 이렇듯 사실관계를 파고드는 게 어려운 일은 아니지만 진실이 꼭 더 아름다운 것은 아니다. 그러니 악의를 가지고 누군가를 속이기 위한 거짓이 아니라면, 흥미로운 이야기 정도로 이해하는 것도 나쁘지 않다고 생각한다. 마치 어린이 동화처럼, 이야기는 우리에게 교훈을 전하며 가치를 나눌 수도 있다. 차 한잔 앞에 두고서 시공간을 넘어 함께 나눌 이야기가 펼쳐진다는 것, 생각만 해도 신나는 일이 아닐 수 없다.

차의 사계절,

계절마다 누리는
호사

차를 하면서 가장 설레는 계절은 역시 봄이다. 겨우내 움츠려 있던 차나무가 마침내 기지개를 켜고 새순을 내는 계절이기 때문이다. 그래서 차는 다른 농산물과 다르게 봄에 햇차가 나온다. 갓 올라온 새순을 따서 싱그러운 향기를 만끽하고 갓 덖은 차를 맛볼 수 있는 차밭 나들이를 떠날 수 있는 계절도 역시 봄이다. 차 관련 행사와 전시 역시 햇차가 나오는 철에 맞춰서 이어지니 차에 있어서 봄은 그야말로 계절의 여왕이라 할 수 있다.

무더운 여름에도 차를 마실 수 있을까 싶지만 의외로 여름에만 누릴 수 있는 호사가 있다. 바구니에 차 도구와 보온병을 챙겨서 계곡으로, 강가로 나가는 들차회는 여름에 누릴 수 있는 호사다. 게다가 이열치열이라는 말처럼, 백차를 연하게 우려서 따듯하게 마시다 보면 더위가 절로 가신다. 우려 마시고 남은 찻잎을 생수병에 담아서 냉장고에 서너 시간 뒀다가

봄, 햇차를 맛보는 계절

꺼내 마시는 냉침차 역시 여름 찻자리의 별미다.

가을은 발효차의 계절이다. 저마다의 향기를 뽐내는 대만과 복건성의 오룡차가 바다를 건너오면, 울긋불긋 단풍 가지를 한 줄기 꺾어 찻자리에 꽂아두고 마시는 풍미가 특별하다. 여름에는 사춘기에 접어든 듯 갈팡질팡하던 보이차의 차맛도 한층 성숙해진다. 겨울나기를 준비하며 불 올리기를 서두르는 도자기 장작 가마를 구경하기에도 좋은 계절이다.

겨울이 오면 조금 번거로워도 무쇠탕관에 화로를 꺼낸다. 보글보글 물 끓는 소리를 들으며 창가에 김이 서리는 모습을 보면 차 맛도 두 배가 되기 때문이다. 세월의 흔적이 엿보이는 흑차 한 조각을 넣고 유리탕관에 푹 끓여서 마시는 자다법煮茶法도 겨울 찻자리에 어울리는 한 장면이다. 이렇게 차와 함께 한 해를 보내다 보면 어느덧 다음 계절을 기대하고 있는 자신을 발견하게 된다.

겨울에 누리는 호사, 탕관에 물을 끓이는 소리

차를
마시는 이유

차를 시작하면서 꼭 생각해봐야 하는 질문은 바로 "나는 왜 차를 마시려고 하는가"다. 차 한 잔 마시는 데 그런 거창한 고민이 필요하냐고 반문할 사람도 있겠지만 나는 이 질문이 무척 중요하다고 믿는다. 왜냐하면 목적이 분명해야 그에 어울리는 차를 고르고, 다루는 방법을 익힐 수 있기 때문이다. 또한 모로 가도 서울만 가면 된다고 방향에 대한 고민 없이 헤매다 보면 길을 잃기도 쉽다.

차는 관계의 음료다. '언제 차 한잔하자'는 말이 누구나 사용하는 안부를 묻는 인사말로 자리 잡았으니 말이다. 물론 우리가 생각하는 '차'보다는 커피를 마시는 경우가 더 많겠지만, 차가 사람과 사람을 이어주는 교량 역할을 해왔다는 사실에는 아무도 이의가 없을 것이다. 실제로 차를 즐기는 이들은 차 덕분에 마음의 문이 열리고 대화의 장이 마련되었다는 경험담을 자주 들려주곤 한다.

덴마크 코펜하겐에서 개최한 청년청담 한국 차 워크샵

서울숲 그린랩에서 개최한 청년청담 묵언다회

　역사적으로 차는 명상과 수행의 음료이기도 했다. 차문화가 중국에서 동아시아 각지로 널리 퍼지기 시작한 것 역시 당나라 시기 선종 불교가 전파되면서 승려의 수련에 없어서는 안 되는 차가 함께 전해졌기 때문이라고 한다. 화두를 붙잡고 몰입할 때 차는 꼭 필요한 물품이었던 셈이다. 이는 차가 가지는 심신 안정의 효과 때문일 수도 있지만 차 도구를 준비하고 차를 우리는 데 집중하는 동안 다른 일을 잠시 잊을 수 있기 때문일지도 모른다. 요즘 유행하는 불멍, 물멍에 앞선 차멍인 셈이다.

이외에도 차를 마시는 데는 여러 이유가 존재한다. 단순히 맛이 좋아서 즐기는 사람도 있고, 자신의 건강을 지키거나 전통을 계승하고 발전시키기 위해서 차를 마시는 사람도 있다. 여기서 중요한 것은 다양한 목적과 이유가 있을 수 있다는 사실을 인식하고 서로 존중하는 것이다. 아래는 수년간 함께 차를 마셔온 청년청담 멤버들이 공유해준 차에 대한 생각이다. 정답이 없는 문제지만 어쩐지 공감할 수 있는 생각이 하나라도 보인다면 이제 함께 마실 차를 고를 차례이다.

나에게 차는 쉼이다. 혼자든 여럿이든 차를 마시는 시간은 오롯이 휴식할 수 있는 시간이 된다. 다음 스텝으로 나아갈 수 있는 재충전의 시간이기도 하다. - 신소애

향기. 온기. 도랑물 흐르는 소리. 복잡미묘한 맛. 펼치고 거두는 행위. 그 모든 사이, 내가 나로 돌아가는 시간. 내게 차는. - 이정은

차는 경건함 아닐까. 따뜻한 온기에 경건해지고, 맛과 향에 경건해지고, 정신에 경건해지고, 비로소 마주 앉은 분에 대한 경건함으로 이끌어주는. - 김용희

따스한 사람들과 나누는 뜨거운 차는 내게 많은 위로와 용기가 된다. - 강지수

바흐의 음악을 들으면 흩어졌던 생각과 감정이 정리된다. 차를 마주할 때도 그러하다. 누군가 함께 있어도 좋고 혼자여도 좋은 것. 더 많은 사람들이 일상에서 차를 만나길 바란다. - 최지원

혼자 마시는 차는 수련에 가깝고, 둘이서 마시는 차는 수다가, 셋이서 마시는 차는 토론이 되며, 그 이상의 인원이 모이면 사람 사이에서 나오는 에너지가 따뜻한 차와 함께 온몸에 퍼져 보약을 마시는 기분이다. 그때부터는 앉아서 하는 우아한 운동회에 가깝다. - 신은수

그날의 차를 고르고 차 도구를 고르는 과정부터 차를 마시는 행위까지 모든 것이 치유의 느낌이다. - 조성림

혼자든 함께든 차를 마시는 순간 집중하기 위해서, 일을 하거나, 대화를 나누거나. - 강재균

차의 시간이란, 일상 중에 한숨 돌리며 쉬고 싶을 때 갖는 혼자여도 좋고 함께여도 좋은 독백의 시간이자 대화의 시간이다. - 박미경

차를 마실 때 나는 번잡한 일상에서 벗어나 내게 주어진 모든 역할을 내려놓고 마침내 자신에게 오롯이 집중할 수 있다. 여유가 있어서 차를 마시는 게 아니라 차를 마

시면서 여유를 가진다. 별다른 큰 목적이 없는 이런 행위를 할 때 내 인생은 더욱 풍요로워진다. - 윤소정

차 시간을 갖는 건 삶에 온기와 에너지를 채우는 일. 차는 나 자신을 돌보고 타인과 교감하는 시간을 위한 좋은 벗. - 홍수영

내게 차는 '만남'이다. 차는 밥보다 가볍고 술보다 연하지만 더 넓고 담담하니, 깊이 알지 못하는 사람과도 차를 나누는 것은 가능하다. 차를 나누는 것이야 말로 이 시대에서 가장 스타일리시한 만남법 아닐까. - 성현희

차를 고르다

차를
고르는 일

　　차를 마시다 보면 차가 천진난만한 개구쟁이 같다는 생각이 들 때가 있다. 같은 차를 우리더라도 계절에 따라서, 또 날씨에 따라서 다르게 느껴지는 모습이 마치 변덕을 부리는 사춘기 소년 같기 때문이다. 어리다고 무르게 여기면 바로 과자를 엎어서라도 응징하는 아이처럼 차도 허술하게 보면 진면목을 마주하기 어렵다. 실망스럽거나 아쉬운 순간이 있더라도 아이를 포기하지 않듯이, 차를 마시는 순간 또한 진지하게 임하는 것이 좋다. 해맑은 아이와 시간을 보낼 때처럼 열린 마음으로 변화를 포용할 수 있어야 한다.

　　자신에게 맞는 차를 찾아가는 여정은 다양한 차를 경험해보는 데서 시작한다. 6대 차류를 구분하고 대표적인 차를 차례로 마셔보는 정파의 방법도 있지만, 발효차와 불발효차, 향기로운 차와 맛이 깊은 차를 비교해보면서 자신의 취향을 좁혀가는 사파의 방법도 있다. 지름길을 찾는 이들은 한두 번

다양한 차를 경험하면서 내게 맞는 차를 고르는 시간

의 경험만으로도 자신이 좋아하는 차와 싫어하는 차를 정해 버리기도 한다. 또한 익숙하지 않은 차를 마시는 것 자체를 달 가워하지 않는 사람도 있다. 허나 이는 광활한 차의 세계를 돌 아보기도 전에 벽을 세우는 행위가 될 수 있다.

세상에는 나쁜 등급의 차가 있을 뿐, 나쁜 차는 없다는 사실 또한 잊지 말아야 한다. 같은 이름의 차라도 등급이 다양 하기 때문이다. '홍길동'이라는 이름의 차를 마셨을 때 불쾌할 정도로 맛이 없어서 나와는 안 맞는 차라고 생각했는데, 다른 자리에서 같은 이름의 차를 마실 때 깜짝 놀랄 만큼 맛이 좋 았다면 등급이 다른 차일 수 있다는 뜻이다. 따라서 차를 마실 때는 출처와 이름, 등급 등을 꼼꼼하게 기록하며 경험을 쌓아 가는 것이 좋다.

같은 이름이라도 제다 방법, 원료 등급, 보관 상태에 따라 달라지는 차 맛

조금 더디더라도 차를 알아가는 또 하나의 방법은 계절과 날씨에 어울리는 차를 두루 경험하면서 자신의 취향을 찾아가는 것이다. 한겨울 육개장이 주는 감동이 다른 계절에는 달리 느껴질 수 있듯이 차도 종류에 따라 계절과 날씨에 어울리는 짝꿍이 있기 때문이다. 이 장에서는 봄, 여름, 가을, 겨울에 어울리는 차를 차례로 살펴보고 또 특별한 날씨나 자리에 생각나는 차를 함께 살펴보고자 한다.

봄,

찻잎이 피어나는 계절에
어울리는 차

　봄이 오면 생각나는 차는 녹차다. 가을 햅쌀로 지은 밥이 맛있는 것처럼 봄에 갓 수확한 찻잎으로 만드는 차가 매력적인 것은 당연한 일이지만, 그중에서도 녹차를 꼽는 데는 또 다른 이유가 있다. 싱그러운 녹차 향기를 통해 강추위 속에서 싹을 틔워낸 차나무의 생명력을 오롯이 느낄 수 있기 때문이다.

　봄철에 나는 차가 녹차만 있는 것은 아니다. 황차나 백차, 그리고 일부 오룡차의 경우도 봄철에 만들어지지만 곧바로 마시는 것보다 어느 정도 숙성을 거쳤을 때 그 풍미가 더욱 좋아지는 경우가 많다. 반대로 녹차의 경우 갓 만들어진 봄철에 최상의 매력을 뽐낸다. 법적인 유통기한이 2년으로 명시되어 있더라도 녹차의 풍미는 그해 가을이 지나고 나면 푹 꺾여버리는 것이 일반적이다. 밀봉해 두더라도 말이다. 물론 이러한 평가가 절대적인 것은 아니다. 취향에 따라서는 오히려 한 해 이상 묵힌 녹차를 선호하는 경우도 있다. 다만 봄철에 도다

갓 수확한 찻잎으로 만드는 녹차

한국, 중국, 그리고 일본 각지에서 생산되는 다양한 녹차

리쑥국을 놓칠 수 없듯이, 갓 제다한 녹차에서만 경험할 수 있는 싱그럽고 화사한 향기, 그리고 담박하고 시원한 맛은 봄철에 놓치기 아쉬운 행복이다.

차를 본격적으로 마시는 것은 처음이라고 할지라도 한국인 중에 녹차를 한 번도 안 마셔본 사람은 드물기 때문에 녹차에 대한 평가가 너무 과한 것 아니냐는 생각이 들 수도 있다. 그렇지만 우리가 익히 마셔본 티백에 담긴 파쇄형 녹차와 여기서 이야기하는 잎차용 녹차는 전자레인지에 돌려서 먹는 레토르트 전복죽과 제주도 해녀의 집에서 갓 끓여 나온 전복죽만큼 그 차이가 확연히 구분된다.

녹차를 마시는 또 하나의 재미는 이 철에 나오는 녹차의 종류가 다양하다는 점이다. 남해안 지역부터 시작해서 각지에서 나오는 녹차를 산지에 따라 비교하거나, 증기에 찌거나 가마솥에 덖는 등 살청殺靑 방법에 따른 차이를 비교하거나, 더 나아가 우전, 세작, 중작, 대작처럼 수확 시기에 따른 차이를 비교하면서 자기 취향에 맞는 녹차를 찾아보는 것도 흥미로운 경험이 될 수 있다. 어린잎을 수확해서 만든 차가 보통 더 귀하게 여겨지지만 맛이 꼭 가격에 비례하는 것은 아니다. 수확 시기가 이른 차일수록 단맛이 강하고 화사한 향기가 더 강하고, 좀 더 자란 잎으로 제다할 경우 맛의 풍미가 더 두텁고 카테킨 등 영양 성분도 더 많아지기에 사람마다 취향이 나뉠 수 있다.

여름,

이열치열의 계절에
어울리는 차

무엇인가에 빠져든다는 게 무섭게 느껴질 때가 있다. 조금만 움직여도 이마에 땀방울이 송골송골 맺히는 계절에도 습관적으로 전기포트에 물을 올리는 자신의 모습을 발견하게 될 때면 차도 중독이 되는 건가 싶어 멈칫댄다. 식구들이 굳이 이 더운 날 차를 마셔야 하냐고 물어볼 때 꺼내는 차가 있다. 바로 백차다.

백차는 차 중에서도 이단아 같은 특징을 가지고 있다. 보통 차는 찻잎을 비비고, 발효시키거나 건조하는 방법에 따라서 각기 다른 종류로 구분하는데, 백차는 이 중에서도 비비는 과정 자체를 생략하는 유일한 차이기 때문이다. 즉, 인위적으로 효소를 활성화시키거나 성질을 바꾸는 과정을 거치지 않고, 건조해서 만드는 차라는 것이다. 따라서 다른 식물 같으면 풀 내음이 진하게 날 수도 있을 텐데 백차에서는 그런 거슬리는 향기를 찾기 어렵다.

산수화 티하우스에서 마시는 백차

백차를 살 때마다 듣는 단골 멘트가 있다. 바로 '제다한 첫해는 차로 마시고, 3년을 묵히면 약으로 쓰고, 7년을 묵히면 보물이 된다'는 이야기다. 백차를 많이 판매하기 위해서 상인들이 만들어낸 이야기라는 설도 있지만, 정말 오래된 백차를 마셔보면 한여름 밤 꿈처럼 달콤하고 시원한 맛이 일품이다. 그것도 설탕처럼 잔당감殘糖感 있는 단맛이 아니라 리슬링 와인처럼 산뜻하면서도 깔끔한 단맛에 은은한 꿀 향기가 입맛을 돋워 준다. 여름에 마시는 다른 차들이 말 많은 꼰대 주례 같다면, 백차는 "서로 사랑하라"라는 굵고 짧은 한 마디로 주례사를 맺는 노신사 같다.

원래 백차는 중국 복건성 지역에서 백호은침부터 백모단, 공미, 수미 등 여러 등급으로 전통적으로 생산해온 차다. 허나 전 세계적으로 백차가 인기를 끌면서 대만과 일본은 물론, 우리나라에서도 다양한 개성을 가진 백차를 생산하고 있다. 백차는 따뜻하게 우려 마시는 것도 매력적이지만 여름철에 걸맞게 우리고 남은 찻잎을 생수병에 담아서 시원하게 뒀다가 마시는 냉침차로도 잘 어울린다.

카페인이 적고, 시원하게 즐길 수 있는 냉침차

가을,

찻잔에도 단풍이 드는 계절에
어울리는 차

시원한 바람이 불고 청명한 하늘이 펼쳐지면 바야흐로 청차의 계절이다. 청차는 6대 차류 중에서도 가장 스펙트럼이 넓은 차다. 녹차(불발효차)부터 홍차(완전발효차) 사이의 다양한 정도의 반발효차를 거의 모두 포괄하는 개념이니 말이다. 청차류를 주로 생산하는 곳은 중국 남부 지방이다. 중국에서는 청차를 오룡차(우롱차)로도 부르는데, 주요 산지에 따라서 민북오룡(복건성 북부), 민남오룡(복건성 남부), 광동오룡, 대만오룡을 나뉜다.

청차는 앞서 살펴본 녹차나 백차에 비해 맛도 향기도 강렬한 편이다. 그래서 오룡차를 마시다 보면 커피와 닮았다는 생각을 자주 한다. 에스프레소를 마실 때처럼 한 모금만으로도 입안을 가득 채우는 존재감을 보여주기도 하고, 홍배(로스팅) 정도에 따라서 산미와 바디감이 다양하게 펼쳐지는 점 또한 비슷하기 때문이다. 열대 과일을 깨문 것처럼 새콤한 풍미

청차의 다양한 스펙트럼

를 가진 차부터 화사한 꽃향기를 가진 차까지 오룡차를 하나
씩 맛보다 보면 내가 아는 맛의 지평마저 넓어지는 느낌을 받
는다.

가을이면 청차가 생각나는 또 하나의 이유는 이때가 제
철이기 때문이다. 봄에 수확한 찻잎으로 만드는 청차라 할지
라도 홍배와 숙성 과정을 거쳐 풍미가 절정에 오른 가을철에
본격적으로 출시된다. 귤도 어느 계절에나 먹을 수 있는 시대

가을볕 벗삼아 마시는 민북오룡

가 되었다지만 제철 노지 감귤의 깊은 맛은 흉내 낼 수 없듯
차 맛도 마찬가지다. 또한 청차는 단풍이 우리 마음을 울긋불
긋 수놓듯, 찻잔을 아름답게 물들이는 탕색을 지녔다. 그래서
청차를 마실 때는 백자 찻잔을 꺼낸다.

　　청차를 마실 때 한 가지 유의할 점은 이 차가 다른 차에
비해 다소 다루기가 까다롭다는 사실이다. 우리는 온도와 넣
는 차의 양, 그리고 다관의 종류에도 예민하게 반응하기 때문
에 유심히 관찰하면서 차를 다뤄야만 그 차의 매력을 모두 끌
어낼 수 있다. 또 일단 개봉하고 나면 풍미가 급격히 떨어지기
때문에 보관에도 유의해야 한다. 이렇게 번거롭게 신경을 쓰
면서 차를 마셔야 하나 의아할 수도 있지만 한번 마셔본 사람
은 이해할 것이다. 그만한 가치가 있다는 사실을 말이다.

겨울,

기나긴 밤 지새우는 계절에
어울리는 차

탕관에 끓여서 마시는 흑차

겨울은 밤이 길다. 손 시린 겨울밤, 동반자로 어울리는 차는 역시 보이차다. 같은 양의 차를 넣었을 때 우러나오는 횟수도 많기에 식구들 둘러앉아서 마실 때도 제격이다. 좋은 환경에서 잘 보관할 경우, 오래될수록 그 풍미가 점점 더 좋아지기에 '세월을 마시는 차'라고 불리기도 한다.

보이차나 여타 흑차류는 유리나 무쇠 탕관에 넣고 끓여서 마시기도 한다. 차를 끓이면 너무 쓰거나 떫지 않을까 걱정되는데 의외로 그렇지 않다. 한 번 끓인 차 맛을 보면 다들 그 깊은 맛에 반해서 탕관 구입을 고민하니 말이다. 티베트나 몽골 초원에서는 이렇게 끓인 차에 버터나 양젖, 소금, 참깨 등을 넣어서 수유차(일종의 밀크티)를 만들어 마시기도 한다.

아무리 추운 날이라도 보이차를 따끈하게 몇 잔 마시고 나면 속이 후끈해진다. 개인마다 차이는 있지만 보이차가 잘 맞는 사람은 손발이 따뜻해지는 건 물론, 소화에도 도움이 된다고 한다. 그렇지만 지나친 기대는 금물이다. 최근 몇 년째 보이차가 유행하면서 보이차 다이어트부터 쟁여두면 가격이 몇 배 오른다는 투자 권유까지 과장된 이야기를 심심찮게 듣는다. 보이차를 오래 마시고 적지 않은 금액을 투자한 사람들을 지켜본 관점에서 이런 이야기는 한 귀로 듣고, 한 귀로 흘리기를 권하고 싶다. 체질에 따라서 차의 효과는 다양할 수 있으며, 구입한 보이차의 가격이 오르더라도 개인이 이를 팔거나 거래하는 것은 쉬운 일이 아니기 때문이다.

보이차는 중국 운남성에서만 생산되는 차로 지리적 표시제 적용을 받는다. 허나 운남성 면적 자체가 394,100제곱킬

로미터로 남한의 4배에 달하다 보니 그 안에서도 생장 환경과 품종에 따라서 다양한 개성을 가진 보이차가 생산된다. 또한 제다 방식의 측면에서 보면, 전통적인 방식으로 만들어지는 생차生茶와 현대에 들어와서 개발된 숙차熟茶로 나눠지며, 오래 숙성된 보이차를 이르는 노차老茶도 하나의 독립된 장르에 해당하니 차례로 경험해보기를 권하고 싶다.

추운 날 마시는 잘 익은 노차 한 잔

빗방울 떨어지는 날,
함박눈 내리는 날

어울리는 차

비가 내리는 날이면 생각나는 차가 있다. 바로 무이암차다. 줄여서 흔히들 '암차'라고 부르는 이 차는 그윽한 향기로 유명하다. 과학적으로 증명할 수는 없겠지만 기압 차이 때문일지, 단순히 기분 탓일지 흐린 날이면 그 향기가 더욱 매혹적으로 다가온다.

문향배開香盃, 향을 맡는 잔에 암차를 담았다가 찻잔에 옮겨 따르고서 김이 오르는 텅 빈 문향배에 코를 대고 숨을 들이켜면 그윽한 향기가 폐부를 가득 채운다. 갓 갈아낸 원두 향기의 유혹은 차를 좋아하는 사람도 이기기가 어려운데, 이 향기만큼은 케냐 피베리 원두도 따라올 수 없다. 더욱이 20~30년 잘 보관한 암차는 싱글 몰트 위스키를 연상시키는 깊은 풍미도 가지고 있다. 추적추적 비가 오는 날, 마주 앉아서 좋은 암차를 함께 마실 친구가 있다면 성공한 삶이 아닐까?

함박눈 내리는 날은 말차가 제격이다. 폭신하게 쌓인 말

비오는 날 더욱 그윽하게 느껴지는 무이암차의 향기

매화를 얹어낸 말차

차의 포말이 함박눈 쌓인 모습 같기도 하고, 두 손을 모아서 쥔 찻사발의 온기가 우리 마음을 포근하게 감싸주기 때문이기도 하다. 겨울에 마시는 말차가 더욱 매혹적인 이유는 말차에 얹을 수 있는 꽃이 있기 때문이다. 차꽃이 남아 있는 초겨울에는 소화素花라고 불리는 차꽃을 얹어서 마시고, 한겨울 설중매가 피기 시작하면 매화 두세 송이를 얹어서 그 향기까지 만끽할 수 있다.

　　말차는 찻잎을 통째로 가공해서 분말로 만든 차를 일컫는다. 그래서 카페인이 다른 차에 비해 강하게 영향을 주는 편이라 늦은 밤 마시는 것에 유의해야 한다. 또한 말차 문화는 일본에서 오랫동안 발달해온 터라 일본산 말차의 맛과 풍미가 독보적인데, 동일본 대지진 이후 방사능의 영향을 걱정하는 이들이 많아진 것이 사실이다. 이런 걱정으로부터 자유롭고 싶다면 쑥, 홍삼, 연자육 분말을 활용한 쑥말차, 홍삼말차, 연자말차가 훌륭한 대안이 될 수 있다.

외국 친구와의
찻자리에 어울리는

한국 차

국제기구에 근무하다 보니 직업 특성상 다른 나라 외교관이나 파트너와 함께 커피 브레이크를 가질 기회가 종종 있다. 그럴 때마다 차를 취미로 즐긴다고 이야기하면 다들 예외 없이 한국 차를 추천해달라고 한다. 인스타그램도 수년째 차에 관해서 포스팅하다 보니 해외 팔로워가 한국 차를 추천해달라고 요청하는 경우도 적지 않다.

그럴 때마다 먼저 묻는 말은 두 가지다. 보통 때 차를 즐겨 마시는지, 마신다면 어떤 차를 주로 마시냐는 것이다. 이 질문을 꼭 던지는 이유는 대답 내용에 따라서 권하면 좋을 차가 달라지기 때문이다. 차를 즐겨 마시지 않는 경우는 사실 추천이 어렵지 않다. 우리나라 각지에서 가장 많이 생산되고 대표적인 차인 녹차를 권하는 것이 자연스럽기 때문이다. 경험상 서양 사람들의 경우 경수에 차를 우려 마시는 것에 익숙하기 때문에 우전이나 세작보다는 중작 이상을 권하

한중일협력사무국 3국 직원들과의 티타임

는 것이 좋다.

반면, 차를 즐겨 마시는 외국인의 경우 추천하기가 조금 더 까다로워진다. 왜냐하면 중국이나 일본 차를 두루 마셔봤을 경우 우리 녹차에서 특별한 매력을 느끼지 못할 수도 있고, 홍차를 주로 마시는 유럽 친구들의 경우 한국 황차 특유의 발효취에 거부감을 보이는 경우가 많기 때문이다. 한국 차에 대한 외국인들의 반응은 2019년 청년청담 멤버들과 함께 덴마크 코펜하겐에서 열흘간 한국 차 문화 워크숍을 진행하면서도 두루 확인한 바 있다.

정해진 답은 없겠지만 몇 가지 검증된 선택지는 야생 수제 녹차, 홍차 제다법을 활용한 떡차와 황차, 그리고 홍삼을 활용한 대용차와 한방발효차 등이다. 야생 수제차의 경우 기계를 활용해서 대량으로 덖은 재배차와 구분되는 풍미에 일본이나 중국 녹차에 익숙한 이들도 관심을 보였으며, 홍차 제

덴마크 코펜하겐에서 개최한 국제교류재단(KF) x 청년청담 한국 차 워크샵

다법을 활용한 떡차와 황차는 다크 초콜릿을 마시는 것 같다는 긍정적인 반응을 얻은 것은 물론, 다른 나라에서는 볼 수 없는 떡차의 형태와 편의성에 매력을 느끼는 이들이 많았다. 대용차이긴 하지만 홍삼을 활용한 차와 한방 발효차는 건강에 대한 관심이 높아지는 트렌드 덕분인지 동서양을 막론하고 외국인에게 큰 인기를 끌었다.

차
를
다
루
다

차茶를, 시작합니다

차를

잘 다루는
방법

　자동차 배기음도 유튜브로 확인하고 구입하는 요즘 같은 세상에 차를 우리는 방법을 글로 설명하는 것은 시대착오적인 일이 아닐 수 없다. 1990년대까지만 하더라도 현암사에서 출간된 『다도』라는 책에 실린 사진이 집에서 차를 배울 유일한 방법이었지만 이제는 친절한 블로그 포스팅과 다양한 관련 영상이 검색만 하면 쏟아져 나오는 시대가 되었기 때문이다.

　그럼에도 불구하고 지면을 할애해서 차를 잘 다루는 방법을 논하는 이유는 유려한 기술을 배우고 순서를 외우기 전에 차를 생각하고 바라보는 자신만의 관점을 세우는 일이 중요하다고 믿기 때문이다. 글을 읽고 사고하는 과정은 이러한 관을 세우기에는 여전히 가장 효과적인 방법이다.

　차를 다루기 위해서는 차, 도구, 그리고 물 세 가지가 있으면 된다. 그렇지만 '잘' 다루기 위해서는 사람에 대한 고민

화개 호중거 찻자리

이 더해져야 한다. 나의 상태가 어떤지, 함께 차를 마시는 사람의 취향은 나와 어떻게 다른지, 세심하게 살펴야 한다. 차를 잘 다루는 사람들을 관찰해보면 늘 앞에 앉은 손님의 취향은 물론, 마시는 속도와 반응을 유심히 살피고 배려한다는 공통점을 발견할 수 있다.

모든 문화가 그러하듯 차 문화 역시 역사적 산물이다. 차 문화를 오래 향유해온 동아시아와 인도, 그리고 유럽 각국의 역사적 맥락을 벗어나서는 차를 제대로 이해하기 어렵다. 물론, 그런 이해 없이도 차를 마시는 것이 불가능한 것은 아니지만, 제다 기술의 역사적 발전과 음식 문화와의 관계, 그리고

울주 하잠요 찻자리

정치적 변화에 따라서 차를 마시는 방법과 만들어지는 차 도구 자체가 변천해온 과정에 조금 더 관심을 가진다면, 같은 찻자리도 조금 더 흥미롭게 다가설 수 있을 테다.

중국 송나라의 시인 이죽란은 부적절한 취급으로 좋은 차를 못 쓰게 만드는 경우를 잘못된 교육에 의해 재능 있는 청년을 망쳐버리는 경우, 속된 칭찬으로 좋은 그림의 가치를 폄하하는 경우만큼이나 한심스러운 일이라고 지적한 바 있다. 처음부터 능숙한 사람은 없겠지만 한심스러운 상황을 반복하지 않기 위해서는 관심과 노력이 필요하다. 이 장에서는 차를 다루는 도구를 차의 역사적 발전 과정에 따라 살펴보고, 차를 다루는 데 있어서 가장 중요하지만 우리가 흔히 간과하는 물을 다루는 방법에 대해서 자세히 들여다볼 것이다.

끓여서
마시는

방법

　8세기 중국 당나라의 육우가 집필한 『다경』에 따르면, 인류 역사에서 차가 처음부터 귀한 음료로 여겨진 것은 아니었다. 다른 여러 식물과 마찬가지로 차 역시 나물이나 약초로 쓰였다. 그러다 차의 효능과 매력이 점차 알려지면서 기호 식품이자 음료로 자리 잡고 널리 재배되기 시작했다. 마시는 방식 역시 지금 우리가 익숙하게 여기는 다관(티 포트)을 사용하는 모습과 거리가 멀었다. 오히려 큰 솥에 물을 끓이고 마치 탕약이나 보리차를 끓이듯이, 찻잎을 다른 약재나 소금과 함께 끓인 다음, 떠서 마시는 방식이었다고 한다.

　요즘 관점에서 보면 상당히 투박한 방식으로 여겨질 수도 있지만, 그렇기 때문에 끓이는 시간, 사용하는 도구, 넣는 찻잎과 재료의 양에 이르기까지, 차를 맛있게 끓이기 위한 연구가 많이 이루어졌다고 한다. 끓여서 마시는 방법은 주로 기록으로만 남아 있었는데, 당나라 시대 사찰 유적에서 관련 차

무쇠탕관에 끓여서 마시는 차

장흥 평화다원 청태전

도구 유물이 잘 보존된 상태로 대거 발굴되면서 다시금 세간
의 주목을 받고 있다.

　　당나라를 거쳐 송나라에 접어들면서 제다 기술이 점차
발달하자 저어서 마시는 방법과 우려서 마시는 방법이 더 대
중적인 방법으로 자리 잡았다. 그렇지만 차를 끓여서 마시던
전통은 동아시아 각지에 여전히 남아 있다. 몽고나 티벳 등지
에서 끓여 마시는 수유차나 운남에서 소수 민족들이 차산에
서 차를 마시는 모습에서도 그 흔적으로 찾을 수 있으며, 지금
도 전남 장흥에 가면 청태전이라고 불리는 떡차를 불에 구운

다음, 푹 끓여서 마시는 방식이 전래되고 있다. 인류가 가장 오랫동안 즐겨온 음다飮茶 방식이라서 그럴까, 장흥 청태전은 2018년 생명다양성재단에서 지정하는 맛의 방주에도 그 이름을 올리기도 했다.

집에서 차를 끓여서 마시기 위해서 꼭 필요한 도구는 직접 가열할 수 있는 탕관(주전자)과 열원이다. 안전과 미관상의 요인을 고려할 때 추천하고 싶은 도구는 유리 탕관과 핫플레이트, 혹은 인덕션이다. 이를 활용하면 화재의 위험을 줄이면서도 여러 가지 차를 끓여서 마실 수 있다. 특히 떡차 종류를 끓여서 마셔도 좋지만 보이차나 흑차를 우리고 남은 잎을 끓여서 마실 때도 이러한 도구가 유용하다. 취향에 따라서는 느릅나무 껍질이나 둥굴레, 작두콩과 같은 대용차를 끓여서 음용수로 마시는 것도 가능하기에 일거양득이라 할 만하다.

대용차를 마실 때 유용한 유리탕관

저어서
마시는

방법

산골 아이 절구질하여 차를 찧으니	山童敲茶臼
월단차를 부수어 고운 가루로 만들었네	玉屑碎月團
(끓는 물 속에) 게 눈과 물고기 눈이 생기자 차를 달이니	煎出蟹魚眼
수시로 가슴속에 아름다운 글귀가 살아나네	時澆錦繡肝
시를 지으면 응당 귀신이 울겠고	詩成鬼應泣
마음이 고요하니 번뇌가 일지 않으리	心定井無瀾
석정의 뛰어났던 시 구절은	石鼎龍頭句
예로부터 압도하기 어려웠지	從來壓倒難

– 이승소李承召, 1422~1484, 「전다연구煎茶聯句」

인류 역사상 차 문화가 가장 번성했던 시기는 중국 송나라와 고려 시대로 알려져 있다. 전 세계 차를 자유롭게 마실 수 있는 현재와 과거를 직접 비교하는 것은 무리겠지만, 송나라에서는 황제가 직접 차를 만들고 도구 개발을 장려할 정도였으니 차에 가장 진심이었던 시대임은 틀림없다. 이 시기 중국에서는 차 한 잔을 위해 천문학적인 금액도 아끼지 않을 만큼 사치 풍조가 심했다. 최고 품질의 차를 만들기 위해 여덟 살도 안 된 어린아이들이 해가 뜨기 전 차 산에 올라 고사리손으로 참새 혀같이 작은 찻잎을 땄다. 이를 모아서 덖고, 즙을 짜고, 갈아서 덩이를 만들어 말려 두었다가, 다시 불에 구워 가루로 간 다음 끓인 물을 붓고 대나무 솔로 저어서 마셨으니, 차 한 잔에 들어가는 공력과 도구가 참으로 어마어마했다.

동아시아차문화연구소의 고려단차 시연

각종 기록에 따르면, 이 시기 번성했던 해상 실크로드를 통해 송나라의 차 문화와 도구는 고려와 가마쿠라 막부에 전해진 것으로 보인다. 허나 이후 중국에서는 송과 원이 차례로 무너지고 명나라가 들어서면서 황제가 직접 차 문화에 있어서 사치스러운 풍조를 금하는 정책을 선포하기에 이른다. 정부 차원에서 차를 만들고 마시는 방법까지 규제했던 것이다. 이로 인해 중국에서는 차를 가루로 가공하고 저어서 마시는 문화가 쇠퇴하고, 우려서 마시는 방법이 주류로 부상했다고 한다. 중국의 정세 변화에 긴밀한 영향을 주고받았을 뿐만 아니라 사치를 배격하던 조선에서도 차를 저어서 마시는 문화는 찾아보기 어렵게 된다.

찻사발에 저어서 마시는 말차

일본 교토 우지의 말차 공장

반면, 중국 남조의 몰락 이후 수백 년간 쇄국 정책을 실시한 일본에서는 역설적이게도 이 가루차 문화가 차를 마시는 유일한 방법으로 전승되면서 더욱 발전한다. 오늘날 소위 말차 문화가 마치 일본 고유의 다도인 것처럼 알려진 데에는 이러한 배경이 있다. 우리 사회 일각에서는 여전히 가루차를 저어서 마시는 문화를 일본 것이라며 배척하는 분위기가 있지만, 역사를 두루 이해하고 보면, 이를 배척할 것이 아니라 우리 방식대로 마시는 방법을 새로이 정립하는 것이 더 합리적이라 판단된다.

송나라 시기에는 차를 저어서 마시기 위해 수십 가지 도구가 필요하다고 했으나, 오늘날에는 그렇지 않다. 차를 담기 위한 찻사발과 차를 젓기 위해 필요한 대나무 솔(차선), 그리고 차를 뜨기 위해 필요한 차시(찻숟가락)면 충분하다. 저어서 마시는 차가 갖는 장점은 찌꺼기를 남기지 않는다는 점이다. 끓이는 차든, 우리는 차는 찻잎이 남지만 저어서 마시는 차는 모두 마셔 버리기 때문에 남는 것이 없다. 뒷정리가 번거롭지 않기에 사무실 같은 곳에서 추천할 만한 음용법이라고 할 수 있다.

저어서 마시는 차는 다른 차에 비해 진입장벽이 높은 편이다. 소위 격불이라고 하는 대나무 솔로 가루차와 물을 섞어서 거품을 내는 과정이 쉽지 않기 때문이다. 초심자들은 찻집에서 내주는 것처럼 고운 거품을 내지 못해 몇 차례 도전하다가 저어서 마시는 방법 자체를 포기하기도 한다. 가루차에 먼저 미지근한 물을 조금 부어서 갠 다음 다시 물을 부어서 격불하는 등의 다양한 팁도 있지만, 차를 저어서 마실 때 가장 중요한 점은 거품이 아니라 차가 물과 잘 섞여서 개어지는 것임을 잊지 말아야 한다. 아무리 거품이 곱더라도 아래 덜 풀린 차 덩어리가 남아 있으면 잘 저은 차가 아니라는 말이다. 하루아침에 능숙해질 수는 없겠지만, 경험이 쌓이다 보면 차의 고운 거품 위에 내 얼굴이 무수히 비치는 순간을 마주할 수 있다.

말차를 마시는 찻자리

우려서
마시는

방법

일본 센차 찻자리

*우리다: 어떤 물건을 액체에 담가 맛이나 빛깔 따위의 성질이 액체 속으로 빠져나오게 하다.

보통 차를 마신다고 이야기할 때 머릿속에 가장 먼저 그려지는 장면은 역시 우려서 마시는 찻자리일 것이다. 간단한 티백 녹차부터 전문적인 도구를 활용해서 다루는 차에 이르기까지, 자세히 살펴보면 결국 방법의 차이일 뿐, 찻잎과 우려진 차를 분리한다는 점에서는 마찬가지이기 때문이다. 이렇게 우려서 마시는 방법을 위해서는 차를 정교하게 가공하는 기술과 이를 위한 다양한 도구가 필요하기 때문에 앞서 살펴본 여러 음용법에 비해 상대적으로 그 역사가 짧은 편이다. 당나라 시기부터 계산하더라도 천 년이 훌쩍 넘는 차 문화에서 우려서 마시는 방법이 주인공으로 등장한 것은 고작 오백 년밖에 되지 않으니 말이다. 쇄국 정책을 오래 유지한 일본의 경우에는 교쿠로나 센차와 같은 잎차가 18세기부터 등장했으니 그 역사가 아직 삼백 년이 채 되지 않는 셈이다.

인간의 삶에서 의미를 갖게 된 것은 상대적으로 짧았지만, 우려서 마시는 차의 시대는 동서양이 활발하게 교역을 시작한 대항해시대와 오롯이 겹쳤다. 그 덕분에 이 음용법은 동아시아는 물론, 서구열강과 그 지배를 받았던 지역에까지 널리 퍼졌다. 물론 마시는 방식은 동일했지만 그 도구와 쓰임은 각지의 생활 습관과 식문화에 따라서 다소간에 차이가 있었다. 차가 물을 대신하는 생활필수품으로 자리 잡은 지역에서는 큰 다관(티 포트)과 잔이 일반적으로 사용된 반면, 수행과

부암동 무계원 청년청담 한국 차 찻자리

의식 등에 주로 사용된 지역에서는 상대적으로 작은 다관과 잔이 주로 사용되어 왔다.

차를 우려서 마실 때 다양한 도구가 필요하다고 이야기 했지만, 사실 바라보는 관점에 따라 머그잔 하나만으로도 부족함이 없을 수도 있다. 머그잔이나 뚜껑 있는 그릇(개완)에 차를 담고 끓인 물을 부어 두었다가 어느 정도 시간이 지난 다음 마시면 되기 때문이다. 이런 관점에서 본다면, 차를 마시는 도구 또한 복잡하게 생각할 것 없이, 잔 하나에서 출발해서 자신의 필요에 따라서 하나씩 추가하면서 고르는 게 합리적일 수 있다.

차는 물에 담긴 시간이 길어질수록 점점 진해지게 마련 이다. 진한 차가 싫다면, 차가 적당히 우려졌을 때 차와 찻물 을 분리해주어야 한다. 즉, 다관이나 개완 같은 도구를 사용해

필요에 따라서 다구를 갖추는 합리적인 찻자리

서 잔에 부어주면 된다는 것이다. 혼자가 아니라 여럿이 함께 차를 마신다면, 다관에 우린 차를 나눔사발(숙우)에 담았다가 여러 개의 잔에 나누는 것도 효과적인 방법이 될 수 있다. 향기로운 오룡차를 마실 때는 향을 담기 좋은 깊은 잔이나 문향배에 차를 먼저 담았다가 마시는 잔에 옮기는 과정을 통해서 오감으로 차를 즐길 수도 있다.

③

차를 다루다

물은
차의 몸,

차에 어울리는
물

　차를 다루는 데 있어 가장 중요한 요소를 하나 꼽는다면 그것은 물이다. 아무리 좋은 차와 도구가 있더라도 차를 다루기에 적합한 물이 없으면 그 맛을 오롯이 드러낼 수 없다. 중국에서 일찍이 차 문화가 발전한 것은 수질이 우리나라만큼 좋지 않기 때문이라고 흔히 이야기하지만, 서은미 교수의 연구에 따르면 이는 사실이 아니라고 한다. 오히려 맑은 물이 흔하고 차가 자라기 좋은 환경인 중국 남부 지방에서 차 문화가 먼저 발전하기 시작했고, 남북을 잇는 수운의 개통으로 교통이 편리해진 당나라 이후에 비로소 중원 이북 지방까지 차문화가 널리 퍼졌다는 것이다.

　차에 관한 이론서에서도 차를 다루는 데 적합한 물에 대한 내용은 빠지지 않고 등장한다. 조선 후기 차 문화의 중흥기를 이끈 초의 선사의 『다신전』에서도 차를 달이기에 적합한 물은 중요한 문제로 다뤄진다.

산에서 나는 물이 가장 좋고, 강물은 하품이며, 우물물이 가장 나쁘다. 돌 속에서 솟는 물은 맑고 달며, 모래에서 솟는 물은 맑지만 달고 가볍다. 흙에서 솟는 물은 싱겁고 남백하다. 누런 돌에서 흐르는 물이 가장 좋고, 푸른 돌에서 솟는 물은 쓰지 않는다. 흐르는 물은 고여 있는 물보다 낫다. 그늘진 곳에 있는 물이 햇빛을 받고 있는 물보다 좋다. 차를 달이기에 좋은 샘물은 맛이 없고 특이한 물 냄새가 없다. 빗물은 물맛이 달고 부드러워서 만물을 길러 내는 물이기에, 가까이에 산에서 나는 샘물이 없다면 봄철에 빗물을 받아 차를 다릴 때 쓰는 것이 마땅하며, 눈을 녹인 물은 비록 맑으나 기질이 무겁고, 비위에 차고 습한 기운이 들어가 적체가 쌓이게 되니 마땅하지 않다.

– 초의 의순艸衣 意恂, 1786~1866, 『다신전』

무색무취한 물이 제각기 다른 특성을 갖는다는 사실 자체가 믿기지 않을 수도 있고, 저런 주관적인 표현이 과학적으로 검증이 가능한지 의문이 들 수 있다. 또한 이를 믿는다고 하더라도 수질 오염과 대기 오염으로 인해서 자연의 물을 예전처럼 음용할 수 없게 되었는데 저런 이론이 무슨 소용이냐고 반문할 수도 있다.

이 의문을 해소해보고자 청년청담에서는 2017년부터 다양한 실험을 거듭해왔다. 육우나 초의 선사 때처럼 자연의 물을 떠서 차를 끓일 수는 없는 노릇이지만, 차를 마시기 위해서는 다양한 생수, 정수기를 거친 물, 그리고 수돗물 중에서라

육안으로는 구분하기 어려운 무색무취한 물

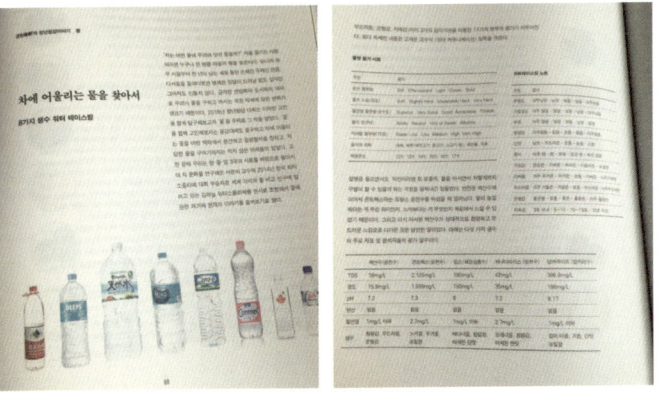

'차와 문화'에 기고한 청년청담의 다양한 실험

도 선택해야 하기에 무엇이, 어떻게 더 나은지 판단하고 싶었기 때문이다. 무조건 생수가 더 좋은 것인지, 수돗물을 사용해도 별 차이가 없는지도 매일 차를 마시는 입장에서는 결코 사소한 문제가 아니니 말이다. 자세한 내용은 다음 장에서 살펴보겠지만, 결론부터 이야기하자면, 경도가 낮은 생수가 차를 다루는 물로 가장 적합한 것으로 밝혀졌다.

워터
테이스팅,

미네랄과
차의 맛

워터 테이스팅은 본래 물 자체의 품질을 비교하는 것이지만, 청년청담에서는 차에 어울리는 물을 찾는 데에 초점을 맞추었다. 김하늘 워터 소믈리에의 도움을 받아 국내외 10여 종의 생수와 수돗물을 고르고 수개월에 걸쳐 차를 다뤘다. 과학적 장비를 동원할 수는 없었지만, 이십여 명이 정성껏 평가하고 이를 비교하고, 워터 소믈리에와 함께 생수의 경도, 미네랄 구성을 정량적으로 살피면서 차 맛에 미치는 영향을 분석했다.

비교는 크게 두 가지 측면에서 진행되었다. 같은 차를 서로 다른 물에 우렸을 때 차이가 나는지, 그리고 차의 종류에 따라서 더 잘 어울리는 물이 있는지를 찾아보았다. 물을 선정할 때는 시판되는 생수 가운데 옛 성현들이 말씀하신 특징에 조응하는 물을 먼저 살폈고, 더 나아가서는 경도, 즉 물에 녹아 있는 미네랄(주로 칼슘과 마그네슘)양의 측면에서 뚜렷한 차

김하늘 워터소믈리에의
워터 테이스팅

취수원이 다른 각국의 생수

이를 보이는 물을 골랐다. 험난한 비교 테이스팅의 결론은 같
은 차를 우리더라도 물의 종류에 따라서 전혀 다른 차로 느껴
질 만큼 큰 차이가 날 수 있으며, 경도가 낮은 생수가 일반적
으로 차를 다루는 물로 적합하지만, 경도가 비슷하더라도 그
미네랄 구성에 따라서 발현되는 차의 맛과 향기에 차이가 있
다는 것이다.

특히 다서茶書에 차를 다루기에 적합하지 않은 물로 분류
되었던 물들, 즉 눈 녹은 물에 해당하는 캐나다 빙하수, 석회
동굴에 고인 물을 취수한 호주 알카리수, 평야 지대 흙에서 솟
아난 프랑스 광천수 등은 차의 맛과 향을 제대로 살려주지 못
한다는 평가가 지배적이었다. 반면, 지리산, 한라산, 백두산
등 산지 인근 암반에서 취수하는 우리나라 생수들은 대체로
경도가 낮고 차를 다루기에 적합했다.

    물의 경도가 차 맛에 미치는 영향은 소금을 녹인 물에 비유하면 이해가 좀 더 수월하다. 경도가 높은 물은 이미 소금이 많이 녹아 있는 물과 비슷하기에 차의 성분이 우러날 여지가 적어서 맛이 충분히 우러나지 않거나 맛이 무디게 느껴지는 반면, 경도가 낮은 물은 소금이 조금 녹아 있는 물과 비슷하기에 차 맛이 좀 더 분명하고 빠르게 우러난다.

    실제 생수나 수돗물의 평균 경도가 무척 높은 영국이나 북유럽 국가에서는 홍차처럼 맛이 강한 차를 선호한다. 설거지를 해서 그대로 엎어 놓을 경우 물이 마르면서 하얗게 석회 가루가 남을 정도로 지하수 경도가 높기 때문이다. 유럽 브랜드 홍차를 마실 때도 경도가 높은 유럽 물로는 그들이 권장하

탁도가 높게 나타나는 경도 높은 물로 우린 차

는 침출 시간 3~5분을 지킬 때 맛있게 우려지지만, 한국 물로 같은 시간을 우리면 마실 수 없을 만큼 쓰게 나오는 것도 이러한 이유 때문이다.

　물론 이렇게 물의 종류까지 분별하고 따지는 것은 차를 생활 속에서 편하게 마시는 데 있어서 오히려 해가 될 수도 있다. 복잡한 것을 불편하게 여기는 것이 인지상정이기 때문이다. 원두를 갈고 직접 드립해서 마시는 게 더 맛있는 줄 알면서도 편리한 캡슐 커피를 마시는 사람이 적지 않은 것처럼 말이다. 그러나 차이를 인지하고 선택하는 것과 원래 차 맛이 그런 줄로 오해하는 것은 엄연한 차이가 있다. 그 차이를 인식하고 나서의 선택은 개인의 몫이다.

경도가 높은 덴마크 생수

차를 다룰 때

물 끓이는
방법

어떤 물로 차를 다룰지 결정했다면 그다음은 물을 어떻게 끓일지 결정할 순서다. 가장 편리하면서도 부담 없는 방법은 역시 스테인리스로 만들어진 전기포트로 물을 끓이는 것이다. 일반적으로 사무실에서 차를 마실 때 냉온수기의 물을 사용하지만, 이 경우 온수의 온도가 80℃ 전후로 높지 않다 보니 차를 제대로 다룰 수가 없다.

같은 스테인리스 전기 포트를 사용하더라도 차를 더 맛있게 우리는 팁은 "푹 끓이고, 두 번은 끓이지 않는다"이다. 요즘 나오는 전기포트들은 100℃에 도달하면 자동으로 스위치가 꺼진다. 허나 이 경우 포트에 담긴 물 전체가 고르게 끓기 전에 전원이 꺼지기 때문에 전원을 누르면서 5~10초 정도 더 끓여주는 것이 좋다. 조금 낮은 온도의 물로 우리는 게 좋은 차도 있지만 그 경우에도 푹 끓인 물이 적당히 식었을 때 부어야 더 맛있게 우러난다. 두 번 끓이지 말아야 한다는 것은 한 번 끓인 물이 식었다고 그대로 다시 끓일 경우 입안이 텁텁해지거나 마시고 나서 목이 잠길 수 있기 때문이다. 따라서 한 번 끓인 물을 재가열할 경우 물을 더 부어서 끓이는 것이 좋다.

잘 끓인 물이 준비되면 이제 차를 우릴 시간이다. 우리는 시간, 차의 양, 물의 양까지 여러모로 막막할 수 있지만, 너무 어렵게 생각할 필요는 없다. 그저 공식 하나만 기억해두면 된다. '넣는 차의 양x우리는 시간÷물의 양'이 바로 그것이다. 차를 구입하면 보통은 제조원에서 권장하는 수치가 뒷면에 적혀 있다.

찻자리에 사용하기 편리한 물대가 긴 전기포트

문제는 집마다 가지고 있는 다관의 크기가 다르기 때문에 권장하는 방법대로 우렸는데도 지나치게 싱겁거나 진하게 느껴질 수 있다는 점이다. 그렇다고 맛없는 차라고 단정 지을 필요는 없다. 오히려 위 공식을 활용해서 수치를 조금씩 가감하면서 차를 우려보면 된다. 맛이 진할 경우 넣는 차의 양을 줄이거나 우리는 시간을 줄이면 되고, 차가 싱거울 경우 넣는 차의 양을 늘리거나 우리는 시간을 늘리면 된다. 물론 차를 우리는 도구의 크기를 바꿔볼 수도 있고, 물의 온도를 바꿔볼 수도 있다. 다른 조건이 동일할 경우 물의 온도가 높을 때 맛이 더 강하게 우러나오기 때문이다. 이렇게 각자의 입맛에 맞게 여러 조건을 조절하며 차를 다루다 보면 최적의 레시피를 찾을 수 있다.

　　이 정도로도 충분히 즐거운 차생활은 가능하다. 하지만 궁극의 맛을 찾아서 더 모험을 떠나고 싶다면 물을 끓이는 도구를 바꿔보는 것도 좋다. 무쇠, 동, 은, 유리, 도자기 등으로 만들어진 탕관(주전자)을 구해서 핫플레이트나 인덕션 등에 가열해서 물을 끓이는 것이다. 전기포트에 비해 신경 써야 하는 부분이 많이 늘어나지만 좋은 탕관을 활용하면 차가 가진 풍미를 오롯이 끌어낼 수 있다. 마치 블루투스로도 충분히 음악을 들을 수 있지만 진공관 오디오에 LP를 틀었을 때 더욱 특별한 감성을 느낄 수 있듯 말이다.

탕관에 끓이는 물

차
를
더
하
다

차茶를, 시작합니다

차와
마리아주

어떤 취미든 오래 즐기다 보면 지루해질 때가 있다. MBTI 성격 유형으로 설명하자면, 익숙한 것에서 편안함을 느 낀다는 ISTJ에게는 큰 문제가 아닐 수 있지만 ENFJ나 ENFP 는 몇 달이면 그 취미의 엔딩을 보는 경우가 많다. 마치 중세 유럽 사람들이 지구가 네모나다고 믿을 때처럼 취미의 바다 끝으로 나아가면 어느 순간 흥미가 툭 떨어져버리는 것이다.

그런 점에서 차는 정말 특별한 취미다. 이 정도면 끝이 아닐까 싶을 때 또 새로운 지평선이 나타난다. 대항해시대의 선장이 된 것처럼 한 지역을 탐험하고, 익숙해질 때가 되면 새 로운 대양이 펼쳐진다. 다양한 차를 비교하면서 좋아하는 차 를 찾아내고, 다루는 법을 익히고, 그에 어울리는 공예품을 구 하다 보면 이윽고 차에 어울리는 다식과 음식을 고민하고, 더 나아가 찻자리에 어울리는 꽃과 음악을 찾으면서 인생을 다 채롭게 물들일 수 있다.

붓꽃을 꽂은 여름 다실 풍경

스칸소 원데이 클라스에서 만든 센터피스

일본에서는 전통적으로 차를 배우는 과정에서 그에 어울리는 음식과 과자, 그리고 향과 꽃(이케바나) 또한 필수적으로 익혀야 한다. 계절과 관습에 맞춰서 어울리는 조합이 정해져 있고, 그것을 충분히 익힌 다음 각자가 재치를 더해 생활 속에서 아름다운 찻자리를 만드는 것으로 다도가 이어져왔다. 이를 현대적 관점에서 재해석하자면, 와인에서 이야기하는 '마리아주mariage'를 찾아가는 과정으로도 볼 수 있다. 흔히 와인과 안주가 서로 잘 어울릴 때 이 표현을 사용하는데, 프랑스어 본뜻은 결혼, 조합, 배합이라고 하니 마리아주를 찾는다는 것은 차와 궁합이 잘 맞는 짝꿍을 찾아가는 과정이라고 할 수 있다.

일본 다도처럼 정해진 틀을 배우면서 마리아주를 찾는 것도 가능하지만 각자의 취향을 더해서 쌓아가는 방법도 나쁘지 않다. 마치 레고 블록을 조립할 때처럼 정답 없이 다양하게 만들어갈 수 있는 게 찻자리이기 때문이다. 그 여정은 보통 차를 마실 때 곁들이는 다식을 고르는 데서 시작한다. 홍차에는 스콘이나 비스킷, 말차에는 달달한 화과자, 녹차에는 한과처럼 익숙한 조합에서 출발해서 그 차의 풍미를 해치지 않으면서 잘 어우러지는 새로운 조합을 찾아가는 과정은 차생활에서 빼놓을 수 없는 재미다. 이 장에서는 한 걸음 더 나아가서 찻자리에 어울리는 반려 식물, 음악, 그림, 술, 그리고 풍경을 함께 살펴본다.

한식공간의 다과상 차림

동백역 하얀집 화과자

찻자리
반려식물,

플랜테리어

코로나 팬데믹으로 인해서 인류의 생활양식과 소비문화에는 많은 변화가 생겼다. 다양한 변화 가운데서도 빼놓을 수 없는 것이 바로 플랜테리어planterior, 식물+인테리어의 유행이다. 정원이 따로 없는 아파트 환경에서도 다양한 식물 화분을 집안에서 키우면서 인테리어 효과는 물론, 정서적 효과를 얻을 수 있기 때문이다. 최근에는 '반려 식물'이라는 표현도 등장했다. 강아지나 고양이처럼 식물도 함께 사는 동무의 반열에 오른 것이다.

다양한 식물 가운데서도 찻자리에 특히 어울리는 것은 풍란이다. 부피가 크지 않을 뿐만 아니라 흙 대신 수태(마른 이끼)를 감아 기르기 때문에 가볍고 벌레로부터 자유롭다. 건조한 실내 환경도 잘 견디니 식물을 잘 못 키우는 사람도 도전해볼 만하다. 게다가 잊을 만하면 은은한 향기가 매력적인 꽃대를 올리니 찻자리에 이보다 좋은 벗을 찾기는 어렵다.

꽃이 만개한 풍란을 보며 마시는 말차

조금 난이도를 높이면 차나무와 동백나무를 들일 수도 있다. 이 경우 차 공간 가까이 물을 쓸 수 있는 베란다가 있는 편이 좋으며, 물 빠짐이 좋은 깊은 화분에 심어야 오래 건강하게 키울 수 있다. 우리가 마시는 차가 바로 저 잎을 따서 만들었음을 생각하면서 차를 귀하게 마실 수도 있고, 사철 푸른 잎을 보는 재미도 있다. 초겨울이 되면 차나무에서 하얀 꽃이 피고, 한겨울이 지나고 나면 동백이 피기 시작하니 쓸쓸한 계절에 마음 다독이기에 좋은 벗이다.

반려 식물이라는 표현 때문에 찻자리에 식물을 두고 가꾸는 게 비교적 최근의 현상처럼 느껴지지만, 이는 사실 당나라 시대로 거슬러 올라갈 만큼 오랜 역사를 가진 문화다. 분

다실에서 키우는 차나무와 동백나무

청매 분재와 석창포

경盆景 혹은 분재盆栽로 불리는 이 문화는 소나무, 대나무, 매화나무, 귤나무, 석창포 등 어려운 환경에서도 잘 견디는 식물을 화분에 심어서 가꾸는 것을 말한다. 조선의 선비에게도 분재는 삶의 중요한 요소 중 하나였다. 문인이라면 마땅히 시서화詩書畵에 능해야 하는데 그 주요 소재인 매란국죽(매화, 난초, 국화, 대나무)을 가까이서 접하지 않고서 잘 표현하기란 어려운 일이었기 때문이다. 조선 초기에 강희안이 쓴 『양화소록養花小錄』에 담긴 분재에 적합한 나무의 생김새와 특징, 번식하는 방법, 어울리는 수형樹形에 대한 설명에서도 조선 선비의 분재 사랑을 엿볼 수 있다.

꽃다발을 저녁에 주문하면 아침에 문 앞으로 배송되는

시대를 살면서 굳이 식물을 키워야 할지 의문이 들 수도 있다. 더군다나 "우리 집에만 오면 식물이 죽는다"라고 말하는 이들은 새로운 화분을 들이기가 망설여질 수 있다. 그런 사람들은 마음에 드는 화병을 구해 찻자리에 어울리는 꽃이나 가지를 하나 꽂는 것만으로도 멋스러운 선택을 할 수 있다.

절화切花가 시드는 모습을 마주하기 꺼려지는 이에게는 윤회매輪廻梅라는 선택지도 있다. 조선 후기 실학자 이덕무가 만들었던 이 꽃은 벌집의 밀랍을 녹여서 매화 꽃송이를 만들어 매화 가지에 꽂아 두는 일종의 조화造花로 시들지 않는 것은 물론, 꽃에서 기인한 밀랍이 다시 꽃이 되는 과정에 불교에서 말하는 윤회 사상이 담겨 있기에 찻자리에 더욱 어울린다.

보안여관의 윤회매

차와
음악,

결이 어울리는 것들의
미학

경기도 용인으로 이사하면서 레코드판을 틀 수 있는 오
디오를 차방에 들여놓으려고 알아본 적이 있다. 예상은 했지
만 와이프 의견은 반대였다. 집에 블루투스 스피커가 세 대나
있는데 굳이 자리를 많이 차지하는 LP와 오디오를 새로 들여
야 하는 이유를 모르겠다는 것이었다. 비용도 비용이었지만
공간 디자인 자체가 달라지는 일이니 틀린 지적이 아니었다.
맥시멀리스트와 미니멀리스트 사이의 진검승부에서 억지는
통하지 않는다. 상대가 고개를 끄덕일 수 있는 명분이 필요하
다. 고심 끝에 내놓은 내 대답은 레코드를 얹고 판이 돌아가는
속도가 찻자리와 결이 맞는다는 것이었다. 잠깐의 정적이 흐
른 다음 그녀가 고개를 끄덕이며 말했다. "좋아. 아날로그적
인 감성과 속도, 설득력 있네!"

LP를 들여놓겠다는 궁리 끝에 던진 말이었지만 그렇다
고 지어낸 말은 아니었다. 2017년부터 청년청담 다회에서 여

러 차례 차와 음악의 조합을 시도하면서 다듬은 생각이었기 때문이다. 옛 선비의 풍류처럼 서울시국악관현악단 김선효 수석의 거문고 가락을 들으면서 차를 마셨던 무계원과 이음 더플레이스, 그리고 덴마크 고성에서의 다회는 해마다 가을 이면 떠오르는 아름다운 추억으로 남았다. 피아니스트 최지 원과 이효원 음향 감독의 컬래버레이션으로 진행했던 템토 루바토 다회도 클래식 음악이 곁들여진 찻자리였다. 차를 사 랑하는 피아니스트가 본인이 즐겨 마시는 차를 고르고, 그 차 를 마실 때 생각나는 곡을 연주하는 찻자리였으니, 그 하모니 는 말로 표현하기 어려울 만큼 감동적이었다.

거문고, 해금, 정가 공연이 곁들여진 찻자리

무라카미 하루키는 듀크 엘링턴의 말을 인용하면서 세상에는 멋진 음악과 그렇게 멋지지 않은 음악이 있는 것이지, 재즈가 됐건 클래식이 됐건 원리는 다르지 않다고 이야기한 바 있다. 멋진 음악을 들어서 얻는 순수한 기쁨은 장르를 초월한다는 것이다. 찻자리에 잘 어울리는 음악 역시 마찬가지다. 국악만 틀어야 한다는 강박에서 벗어난다면, 힘 있는 테너가 부르는 슈베르트의 가곡은 물론, 존 메이어의 곡, 재즈 음악도 찻자리와 더 없이 어울리는 조합이 될 수 있다. 헤비메탈은 아직 도전해보지 못했지만 말이다.

클래식 연주가 곁들여진 찻자리

개인적 감상이지만 잘 정제된 음악을 들을 때면, 잘 만들어진 차를 마시는 듯한 느낌을 받곤 한다. 익숙한 노래나 목소리가 아니더라도 JTBC 〈싱어게인〉에 나오는 실력자의 노래를 듣다 보면 자기도 모르게 고개를 드는 것처럼 말이다. 그런 측면에서 보면 악기 연주와 차를 우리는 행위는 공통점이 있다. 대상에 대한 관심과 애정은 물론, 다양한 경험과 반복되는 훈련이 더욱 완벽한 하모니를 만들어낸다는 점이다.

숙명가야금연주단을 만들고 가야금으로 비틀스의 음악을 연주해서 국악이 우리 곁으로 녹아들 수 있는 계기를 만든 송혜진 전 국악방송 사장이 했던 말이 생각난다. 우리 음악에서 늘 등장하는 다섯 친구는 달, 소나무, 학, 술, 그리고 차라고 말이다. 현대의 찻자리에서 이 친구들을 다시 모아보는 것도 재미난 경험이 될 수 있지 않을까?

대금 연주가 곁들여진 경주 무위산방 노차 다회

찻자리를
그린 그림,

그림이 걸린
찻자리

이인문李寅文, 1745~1824, 선동전다도, 간송미술관 소장

차 마시는 풍경을 담은 그림을 다화茶畵라고 한다. 조선 시대 우리 선조들은 고려 시대만큼 차를 즐겨 마시지 않았다고 전해짐에도 불구하고 다화는 하나의 장르를 형성할 만큼 많이 그려졌다. 양반 선비가 그린 문인화는 물론, 직업 화가가 그린 풍속화에서도 차 마시는 풍경은 심심찮게 등장한다.

널리 알려진 다화 가운데 하나인 이인문의 〈선동전다도 仙童煎茶圖〉를 보면, 그림 속에 차를 마실 주인공이 보이지 않는다. 마치 그림 밖에 서 있는 우리가 주인공인 것처럼 말이다. 또한 선비가 집에서 손님을 맞거나, 명승지 유람 중에 차를 마시는 풍경이 등장하기도 한다. 조선 후기 다화를 연구한 동아시아차문화연구소 최혜인 연구원에 따르면, 이 시기 다화는 차가 지닌 보편적 가치와 차에 대한 인식의 확대라는 시대적 특수성을 담은 회화 작품으로 자리 잡았다고 한다.

이런 다화를 한 폭 건 찻자리를 상상해보자. 멋스럽지 않은가? 찻자리를 그린 그림 외에도 산수화나 모란, 국화, 매화를 담은 그림도 제철에 걸어 두면 운치가 아주 그만이다. 옛 서화를 구하기 어렵다고 생각할 수 있지만 케이옥션 혹은 서울옥션과 같은 경매 사이트를 이용하면, 그다지 부담스럽지 않은 금액에 낙찰받는 행운을 기대해볼 수 있다. 또한 국립중앙박물관 뮤지엄숍이나 웹사이트를 통해서 손쉽게 한국화 아트프린팅을 주문할 수 있기에 부담 없는 비용으로 찻자리에 재미를 더할 수도 있다.

차를 마시는 공간에 꼭 국악을 틀어 놓을 필요가 없는 것처럼 옛 그림을 고집할 필요도 없다. 매혹적인 색채의 추상

소치 허련의 묵매도

지훈 스타크 작가(좌), 김대유 작가(우)의 작업실

화나 풍경화 한 폭도 찻자리의 격을 새로이 할 수 있는 방법이다. 한국 문화의 따뜻한 감성이 묻어나는 지훈 스타크의 그림이나 사물에 대한 맑은 시선이 느껴지는 김대유 작가의 그림을 걸고 차를 마실 때면, 차를 즐기는 두 작가가 곁에 있는 듯한 느낌마저 든다.

2020년 이후 미술품, 가구 시장이 급격히 커지고 있다고 하지만 여전히 그림을 구입하고 소장한다는 일이 누군가에게는 사치나 부담으로 느껴질 수 있다. 사치를 부리자는 게 아니라, 관점을 조금 바꿔보자고 제안하고 싶다. 쉴 새 없이 바뀌고 움직이는 영상에 지쳐가는 시대, 자신을 편안하게 만들어주는 그림을 하나 곁에 두고 차를 마시는 시간은 그 자체로 쉼이자 휴식이 될 수 있기 때문이다.

그림 하나로 달라지는 다실 분위기

125

와인과
차,

떼루아와 풍미

"차를 좋아하신다더니, 와인도 드세요?" 차를 즐긴다고 하면 사람들은 내가 커피나 술은 마시지 않을 거라 판단한다. 그러나 마시는 즐거움에 발을 들여놓은 이들에게 그런 구분은 불필요하다. 차모임을 찾아오는 바리스타나 소믈리에가 많은 것은 물론, 차를 즐기는 이들 중에도 커피와 와인을 수준급으로 마시는 사람들도 적지 않다. 각기 매력이 다르지만 결국 맛과 향기에 집중하면서 즐거움을 얻는다는 점에서는 이 음료들이 모두 유사하기 때문이다.

차와 와인은 '떼루아terroir'에 따른 차이를 비교할 수 있다는 점에서 또 하나의 공통점을 갖는다. 떼루아는 포도를 생산하는 데 영향을 주는 토양과 기후 따위의 조건을 일컫는 말로, 원래 와인 업계에서 주로 사용하는 표현이다. 같은 품종의 포도라도 어떤 토양이나 기후대에 심느냐에 따라서 결과물의 특색이 뚜렷하게 구분된다는 점이 자주 회자된다. 차도 마찬

풍미가 어울리는 와인을 곁들이는 찻자리

떼루아에 따른 와인 테이스팅 다회

가지라는 점이 흥미롭다. 같은 품종의 차나무도 토양에 따라서, 그리고 지역에 따라서 그 특색이 확연히 달라진다.

　청년청담에서는 이러한 차와 와인의 매력적인 접점에 주목하고, 그 특색을 경험해보고자 2018년부터 피노누아 품종, 프랑스 부르고뉴 지역을 주제로 와인을 선별하고, 그와 결을 같이하는 중국 복건성 대홍포 품종, 운남성 의방, 만전, 노반장 지역의 보이차를 정해서 함께 비교하는 자리를 마련해왔다. 단순히 우열을 가리는 대신, 토양이나 기후가 차와 와인에 어떤 영향을 미치는지 차와 와인 전문가를 모시고 함께 탐구해보는 시간이었다. 엄밀한 테이스팅이라고 하기에는 참가 인원이 많아서 절대적인 평가는 어려웠지만, 각자 미묘한 차이에 집중하면서 취향을 찾아가는 과정은 그 자체로 흥미로웠다.

이렇게 차와 와인을 비교하는 경험이 쌓이면서, 때때로 차를 마시다가 비슷한 풍미를 가진 와인을 따거나, 와인을 마시다가 그 와인과 결이 비슷한 차를 꺼내오는 일도 종종 생겨났다. 차를 마시다가 술이 생각나면, 술을 불가佛家에서 곡차라고 부르는 것에 빗대어 "차곡차곡합시다!"라는 암호도 만들면서 말이다.

다양한 조합이 가능하지만 기회가 된다면 꼭 경험해보기를 권하고 싶은 조합은 2004년 운남성 의방 지역 찻잎으로 만든 녹순호 보이차와 2015년 빈티지의 부르고뉴 뫼르소Domaine Jacques Prieur, Meursault Clos de Mazeray Blanc Monopole다. 이 조합은 공통적으로 첫 모금은 여리여리하게 부드러운 느낌이지만, 뒤이어 파고드는 미네랄리티 덕분에 외유내강이란 단어를 연상시킨다. 향기 또한 특별하다. 우디하고 시트러스한 향수를 뿌린 지 대여섯 시간 정도 지난 느낌이랄까? 노골적이지 않으면서도 은은하게 뇌리에 새겨진 향기 때문에 이따금 생각이 난다. 자주 마실 수 있는 가격대의 차도 와인도 아니지만 말이다. 축하할 일이 있는 날이면 앙리 지로Henri Giraud 샴페인에 말차도 어울리는 조합이다. 따스하고 부드러운 말차 거품에 뒤이어 목구멍을 파고드는 조밀하고 상큼한 스파클링 한 잔이면, 축하하는 마음을 전하기에 부족함이 없을 것이다.

서로 결이 맞는 차와 와인을 찾아가는 시간

위스키와
차,

블렌딩의 시간

와인만 찻자리의 벗이 될 수 있는 것은 아니다. 위스키 또한 차와 인연이 깊은 술이다. 우리는 흔히 영국 술이라고 알고 있지만, 위스키의 역사는 1171년 아일랜드로 거슬러 올라간다. 이후 아일랜드 이주 노동자들에 의해 스코틀랜드로 수출되기 시작했으며, 이윽고 스코틀랜드 현지에서도 위스키가 생산되기 시작했다. 이때만 해도 풍미는 덜하지만 품질에 일관성이 있었던 아이리시 위스키가 고급으로 인식됐다. 반면 묵직하고 거친 맛이 강했던 스코틀랜드 위스키는 "사냥터에서나 마시는 술"이라는 비아냥거림을 듣는 처지에 불과했다.

그렇지만 1820년, 홍차 회사의 블렌딩 기술에 주목한 잉글랜드 사업가 조니 워커가 이 기술을 위스키 제조에 접목, 일정한 품질의 위스키를 대량으로 생산하기 시작하며 위스키 업계는 새로운 전기를 맞는다. 즉, 서로 다른 특징을 가진 두 가지 이상의 재료를 일정한 비율로 섞는 방법을 통해 오크통과 오크

아일랜드 전통주에서 세계인의 술이 된 위스키

통, 몰트와 몰트, 때로는 몰트와 그레인 위스키를 더함으로써
한층 조화롭고 일정한 품질의 위스키를 생산할 수 있게 된 것
이다. 덕분에 아일랜드 전통주에 불과했던 위스키는 대영제국
의 발길을 따라 전 세계로 퍼져나갔으며, 이제는 미국, 캐나다,
일본은 물론, 한국에서도 생산하는 세계적인 술로 부상했다.

위스키 세계화에 일등공신이라고 할 수 있는 블렌딩 기
술은 홍차와 보이차를 온전히 이해하는 데도 무척 중요한 요
소다. 누구나 한 번쯤 마셔보았을 잉글리쉬 브랙퍼스트와 같
은 홍차뿐만 아니라, 7542, 8582와 같은 유명한 보이차의 경
우에도 원료로 배합하는 차엽의 지역과 크기 비율을 의미하
는 배방配方이 차 맛에 결정적인 영향을 미친다.

가수 임영웅의 노래 〈바램〉 가사처럼, 세월에 따라 늙어

블랜디드 위스키와 7542 보이차

위스키와 노차, 위로다회

가는 대신 익어간다는 점 또한 위스키와 차의 공통점이다. 위스키가 오크통에서 오래 숙성될수록 타닌에 의해 색이 붉게 변하고, 산미를 더한 복합적인 풍미가 생겨나는 것처럼, 보이차나 오룡차도 적당한 환경에서 잘 보관되면, 역시 탕색이 붉게 변하면서 쓰고 떫은맛은 줄고, 장향, 삼향, 밀향, 진향, 조향 등으로 표현되는 특유의 은은한 단맛과 산미를 가진 노차老茶로 진화한다.

이렇듯 비슷한 결을 가진 위스키와 노차가 어우러지는 찻자리, '위로다회'는 또 다른 블렌딩의 미학이라 해도 과언이 아니다. 원래 위스키와 노차의 첫 글자만 따서 붙인 이름이지만, 손끝이 시린 겨울철 위로다회는 참석자에게 따뜻한 위로를 전해주곤 한다. 와인과 마찬가지로 위스키 또한 다양한 조합이 가능하지만 취향에 따라서 난이도를 높여보는 것이 좋다.

먼저 구하기 수월하면서도 취향을 덜 타는 조합으로는 화사한 단맛이 매력적인 미국의 버번위스키와 무이암차 수선이 있다. 예열한 다관에 차를 넣었을 때부터 건자두향이 올라오면서 산미와 꿀향이 어우러지는 80년대 노오룡은 바디감 있는 몰트위스키와 더해졌을 때 그 풍미가 극대화된다. 취향이 엇갈리는 최상 난이도는 역시 훈연향이 강한 하관 철병 보이차, 혹은 정산소종 홍차에 매칭해서 마시는 피트(토탄) 향이 강한 아일러섬 위스키다. 그 대표 주자라고 할 수 있는 라가불린 16년을 한 잔 따라 놓고서 80년대 하관 철병을 우리면, 잠시나마 셜록 홈스를 따라서 런던 저택 난롯가에 앉은 듯한 환상에 빠지게 된다.

들차회,

풍경을
더하다

찻자리 풍류에 끝이 있을까 싶지만 한 가지 확실한 것은 결코 집 안에서 끝나지 않는다는 사실이다. 차살림을 짊어지고 산으로, 계곡으로 나가서 마시는 찻자리에는 운치가 더해지기 때문이다. 잘 갖춰진 차 공간에 비하면 번거롭고 불편한 점이 많지만 청량한 바람을 쐬면서 차를 마시면 생명이 깃드는 느낌이 든다.

'들차회'는 우리 고건축의 백미라고 할 수 있는 차경借景을 그대로 찻자리에 옮긴 개념이다. 차경은 집을 지을 때 중국이나 일본처럼 인위적으로 경치를 만들어내는 대신, 자연을 거스르지 않고 주위의 풍경을 그대로 경관을 구성하는 재료로 활용하는 기법을 일컫는다. 따라서 풍경이 아름다운 계절과 시간에 이를 잘 감상할 수 있는 위치에 자리를 펴고 앉아 차를 마신다면 더없이 좋은 들차회가 될 수 있는 것이다.

이 표현이 언제부터 사용되었는지는 알 수 없지만, 신라

경치 좋은 곳에 자리를 펴고 차를 마시는 들차회

화개천 계곡 들차회

시대 화랑들이 명승지를 다니면서 수련하고 차를 다려서 마셨던 흔적이 각지에 남아 있는 것을 보면 그 전통이 오래되었음이 분명하다. 고려와 조선의 문인이 남긴 글에도 어린 다동茶童의 수고로움 덕분에 명승지를 유람하면서 향긋한 차를 즐겼다는 이야기를 심심찮게 찾아볼 수 있다.

2004년부터 전국으로 차 도구를 챙겨 다니면서 다양한 들차회를 경험했지만 가장 기억에 남는 한 곳을 꼽자면 역시 화개천 계곡에서 호중거 오금섭 선생님이 준비해준 찻자리다. 시원한 계곡에 발을 담그고 화개골 다람쥐를 벗 삼아 노차를 마신 오후는 해마다 더운 여름이 되면 떠오르는 추억이 되었다. 모래톱에 화로를 얹고 숯불을 피워 탕관에 물을 끓이는 수고로움이 불편으로 생각될 수도 있지만, 이렇게 현대 문명의 이기에서 벗어나서 옛 방식으로 차를 다루는 경험은 들차회의 또 다른 매력임이 틀림없다.

물론 풍류를 즐기는 데 번거로운 도구가 꼭 필요하지는 않다. 따뜻한 물을 담을 수 있는 보온병 하나만 있으면 길을 나설 수 있기 때문이다. 지금도 감히 내 인생차라고 할 수 있는 최고의 차는 2014년 크리스마스 아침, 백두산 천지에서 내려와 설경을 바라보면서 중국, 일본 외교관들과 함께 마신 보온병 속 황룡차 한 잔이었다. 중요한 것은 풍류를 즐기고자 하는 마음과 이를 공감해줄 차벗이 아닐까 싶다.

백두산 천지에서 마시는 녹차

차
를

만
나
다

차茶를, 시작합니다

차를

만나러 가는
길

취미를 주제로 여행을 떠나는 건 더없이 설레는 일이다. 마르셀 프루스트의 말처럼 진정한 여행은 새로운 풍경이 펼쳐진 곳을 찾는 게 아니라 새로운 안목을 가지는 데 있으니 말이다. 내가 처음 차 여행을 떠난 것은 대학 신입생 시절이었다. 교내 전통찻집에서 주관하는 다도 특강을 수료하고 나니 5월 중순, 남도에 내려가 찻잎을 따고 덖어볼 수 있는 1박 2일 차밭 나들이가 기다리고 있었다. 다향만당이라는 전통찻집을 만들고 운영했던 고故 류정호 선생은 차를 우리고 마시는 데서 공부를 끝낼 게 아니라, 차가 자라는 땅을 밟고 차의 온기를 느껴봐야 한다고 말하곤 했다. 지금 생각해보면 한창 바쁠 대학생들에게 차 따러 가자고 권한 분도 보통 인물이 아니지만, 따라나선 학생들도 기특했다.

차밭 나들이는 쉬이 할 수 있는 여행이 아니었다. 차밭은 사시사철 찾아갈 수 있지만, 돋아난 새순으로 차를 만들려

茶香滿堂
다향만당

서울대 다향만당과 류정호 작가

면 때를 맞춰야 하기 때문이다. 보이지 않는 곳에서 수고를 아끼지 않은 선배들 덕분에 해마다 봄이면 전국 각지를 순례했다. 2005년 정읍을 시작으로 하동, 김해, 나주, 산청, 남원, 곡성의 차를 만났다. 사회에 나와서도 그 싱그러운 기억을 잊지 못해 함께 차를 마시는 친구, 후배와 함께 순천, 보성, 장흥, 강진, 고성에 보석처럼 숨겨져 있는 차밭을 돌아보고 있다.

십여 년을 통과의례처럼 차밭에 가는 걸 보고서 한 친구가 진지하게 물어본 적이 있다. 직접 만든 차가 더 맛있어서 그러냐고, 주문만 하면 편하게 살 수 있는 차를 굳이 고생해서 만드는 이유가 무엇이냐는 타박이었다. 틀린 말은 아니었다. 서당 개가 풍월을 읊어도 훈장 선생님만큼 유창할 수 없듯이, 내가 만든 차가 사서 마시는 차만큼 맛이 좋을 수는 없었다.

나주 금성산 차밭

산청 지리산 차밭

고성 동루골 차밭

그런데도 해마다 차밭을 찾아가고, 더 나아가 차를 시작하는 이들에게 차밭 나들이를 권하는 까닭은 직접 차를 따고 그 잎을 덖어볼 때 비로소 느낄 수 있는 그 무엇이 있기 때문이다.

차밭에서 경험할 수 있는 가장 특별한 것은 바로 향기다. 차는 세 번 향을 전한다는 말이 있다. 차나무에서 찻잎을 딸 때 퍼지는 내음이 첫 번째요, 가마솥에서 찻잎을 덖을 때 올라오는 내음이 그다음이고, 예열한 차 도구에 차를 담고 뜨거운 물을 부을 때 올라오는 내음이 마지막이다. 마치 평양냉면의 삼삼한 국물에 한 번 맛을 들이면 그 맛을 잊지 못하는 것처럼, 이 청량한 향기는 마음을 잡아당기는 힘이 있다.

차밭에 가는 또 하나의 의미는 바로 차의 가치를 다시 한 번 생각해볼 수 있다는 점이다. 봉투를 뜯어서 마실 때는 차는 그저 하나의 음료에 지나지 않는다. 그렇지만 겨우내 움츠려

차향을 만나는 순간

있던 차나무가 애써 올린 새순을 하나씩 따서 손도 못 댈 만큼 뜨거운 가마솥에 넣을 때면 애처로운 마음이 들게 마련이다. 이렇게까지 해서 차를 마셔야 하나 싶은 마음이 드는 것이다. 이런저런 생각이 오가는 동안 차가 완성되고, 그 차를 잔에 담아 뜨거운 물을 부으면 영원히 시든 줄 알았던 찻잎이 되살아나는 듯한 모습을 마주한다. 차밭에서 마주쳤던 싱그러운 찻잎을 언제든 만날 수 있게 된 기분이라고 할까? 차나무에 대한 미안한 마음을 대신할 수는 없겠지만, 그만큼 차를 귀히 여기는 마음이 생기니 이 또한 차밭 나들이가 주는 선물이다.

　이어지는 글에서 지난 20년간 수없이 다녀온 전라도와 경상도에 위치한 차밭 몇 군데를 소개한다. 차 씨가 떨어져 싹이 돋고, 나무가 되는 세월을 지켜본 마음의 고향 같은 곳이기에 차를 시작하는 사람들에게 그동안 보고 겪은 이야기를 전하고 싶었다. 고향을 그리는 마음이라면 읽는 이도 기꺼이 걸음이 향할 생각이 들지 않을까 하면서 말이다.

광주 무등산 삼애다원

전북 정읍,

거센 불길이 지나간 차산에 남은
동학정신

2005년, 처음으로 떠난 차밭 나들이의 목적지는 전북 정읍 황토현이었다. 언젠가 들어본 지명이라 생각했는데, 마을 초입에 들어서자 황토현 전투를 기리는 동학농민운동 전적비가 우뚝 서 있었다. 그리고 어쩐지 낯설지 않은 이름도 하나 눈에 띄었다. 고부군수 조병갑. 조선 왕조 500년 동안 지방 수령을 역임한 이가 족히 수천은 넘고, 그중 청백리보다는 탐관이 더 많았을 텐데, 탐관오리 하면 다들 조병갑과 변학도를 떠올리니 이들도 억울한 마음이 들지 않을까?

우리를 차밭으로 안내해준 황토현 덖음차연구소 김정환 선생님 말씀에 따르면 죽창을 든 농민들이 관아로 향하면서 차밭에도 불을 질렀다는 이야기가 동리에 전해진다고 한다. 차밭이 없어지면 더는 공물로 바칠 차를 만들어내라고 못 할 테니 아예 불을 냈다는 것이다. 탐관오리의 수탈에 차나무는 불에 타고 동학군은 총칼에 쓰러졌으니 참으로 슬픈 결말이

정읍 차밭 나들이

2005년 정읍 차밭 나들이에서
류정호 작가와 필자

다. 그래도 한 가지 위안이 된 점은 불에 탄 차밭에서 차나무가 다시 자라났다는 것이다. 지금으로부터 십수 년 전, 동리에서 택견을 수련하다 전해지던 이야기를 들은 청년들이, 이제는 수풀이 우거져 야산으로 변해버린 옛날 차밭에서 차나무 군락지를 발견했다고 한다. 동학농민운동은 실패로 끝났지만 그 정신이 3.1운동과 독립군으로 이어진 것처럼, 차나무 또한 강인한 생명력으로 되살아났다.

숲속 반음지에서 차나무가 듬성듬성 다른 나무와 뒤엉켜 자라는 열악한 환경이었지만, 그저 숙연한 마음이 들었다. 이윽고 본연의 목적을 떠올리고 열심히 차를 따기 시작했으나 가뜩이나 밭일이 서툰 학생들이 마음마저 무거우니 속도가 날 리 없었다. 십여 명이 두 시간 넘도록 찻잎을 수확하고 제다소製茶所로 내려오니 해는 이미 서쪽을 향하고 있었다. 제

정읍 자생차 군락지

법 한 광주리 수북이 딴 찻잎을 보며 각자 한 해 마실 차는 되겠다 싶었는데, 이게 웬걸, 완성된 차는 몇 줌 되지 않았다. 차는 덖고 나면 수분이 날아가서 중량이 5분의 1 이하로 줄어든다는 걸 미처 몰랐다.

귀한 손님 왔다고 지역 특산 더덕 막걸리를 큰 동이로 마련한 제다소 형님들이 준비한 안주는 폭 삭은 흑산도 홍어였다. 서울에서 온 학생들이 이 맛을 알겠냐는 어른들의 채근 속에 한 점, 두 점 집어먹다가 기어이 코가 뚫린 사람도 여럿이었다. 술이 얼큰하게 오르자 잔이 바뀌었다. 술이 한 순배 돌고 나서 마시는 차 맛이 진짜라는 옛 말씀은 한 치 어김이 없었다. 차를 마신 김에 들차회를 나가자는 형님들의 말에 보온병에 물을, 상자에 다구를 담아 랜턴 불빛에 의지해 찾은 곳은 황토현 전적지였다. 어둠이 내려앉은 산 아래 널찍한 공터

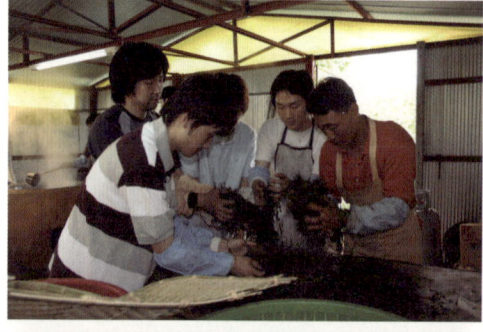

정읍 덖음차 제다 체험

2005년 정읍 황토현 들차회

에 둘러앉아 말없이 마신 중작中雀 덖음차의 맛은 강산이 바뀌는 세월이 흐른 지금도 잊지 못할 만큼 훌륭했다. 미지근하게 식은 물로 다린 차가 무슨 맛이었을까 싶지만, 인간의 뇌가 기억하는 맛은 미각에만 의존하지는 않는다.

다른 고장의 유명세에 묻혀서 정읍 차가 널리 알려지지는 않았지만, 역사적으로 이곳이 정말 차나무 재배에 적합하긴 했던 모양이다. 경상, 전라 지역에 차 산지가 35곳 있었다는 『세종실록지리지世宗實錄地理志, 1454』는 물론, 그로부터 100여 년 뒤에 편찬된 『동국여지승람東國與地勝覽, 1530』에도 정읍현에서 나는 차는 공물로, 고부군에서 나는 작설차는 약재로 바쳤다는 기록이 남아 있다. 사실상 조선 전기부터 동학농민이 봉기한 시기에 이르기까지 계속해서 차가 생산된 것이다. 별일 아닌 것 같아 보일 수 있지만, 『세종실록지리지』 편찬 당시에는 토산으로 작설차가 난다고 명시되어 있었음에도 불구하고, 그로부터 20년이 흐른 1471년에는 더 이상 고을 안에서 차를 구할 수 없었다는 함양군의 사례와 비교한다면 정읍의 차 생산은 특별한 일이었다.

또한 앞서 이야기한 것처럼 조선 말에 차밭이 대거 불타 없어졌음에도 불구하고 정읍에서는 일제강점기에도 차 생산이 이어졌다. 기록에 따르면, 1913년 오가와小川라는 일본인 교사가 정읍 입암면 천원리 일대에서 자생하는 차나무를 발견하고 천원다원川原茶園을 조성했고, 차나무가 자리 잡은 1923년부터는 발효차를 연간 7천 근 이상 생산해서 전량 오사카로 수출했다고 한다. 총독부의 후원 아래 상품화되고 일

1928년 정읍 천원다원 엽서,
정읍 근대 역사관 소장

본으로 판매되던 천원다원의 차는 비벼서 발효시키고 다시
덖어낸 발효차 종류였다고 한다. 1945년 해방 직전까지 생산
을 이어오던 천원다원은 대상그룹의 전신 미원의 임대홍 사
장이 인수했으나, 차 사업의 장래가 불투명하다고 판단해 수
만 평의 차밭을 베어내고 과수원을 조성했다고 하니 아쉬운
마음을 감추기 어렵다.

정읍 자생차는 2000년대 이후 시 차원의 적극적인 후원
으로 다시금 그 생산량이 늘고 있다. 보성, 제주, 하동 등 남녘
의 주요 차 생산지보다 20일가량 차 수확이 늦기 때문에 5월
말까지도 덖음차 제다 체험을 할 수 있고, 옥정호 근방에서 나
는 홍차는 대만에서 유명한 일월담 홍차에 비할 만큼 그 풍미
가 두텁다. 낮에서 차를 덖고, 저녁에는 송참봉 조선 동네에서
토종닭 백숙을 한 마리 뜯으면서 하룻밤 쉬어 가는 나들이를
권하고 싶다.

전북 남원,

신선의 꿈이 서린 차밭에서 이어지는
초암의 차 문화

이제는 억새 지붕 곱게 이은 집들이 돌담을 경계로 어깨를 맞댄 고즈넉한 마을을 이뤘지만, 2014년 만학동 계곡으로 오르는 시골길을 따라서 신목 오동섭 선생을 처음 찾아왔을 때만 해도 살림집을 제외하면 매월당과 향원익청香遠益淸 두 채가 전부였다. 누구나 들어와 5,000원만 함에 넣으면 이곳에서 만드는 차를 종류별로 우려 마실 수 있는 무인 찻집. 이곳에는 매월당이라는 김시습의 호가 걸려 있고, 그 우측에 자리한 제다소 문에는 향기는 멀수록 더욱 맑다는 주돈이周敦頤의 문구가 새겨져 있었다.

내가 유독 연꽃을 사랑하는 것은	予獨愛蓮
진흙에서 나왔으나 그에 물들지 아니하고,	之出於泥而不染
맑은 출렁이는 물에 씻겼으나	濯清漣而不夭

155

요염하지 않고

속은 비었고 밖은 곧으며　　　　中通外直

덩굴을 뻗거나 가지 치지 아니하며　　不蔓不枝

향기는 멀수록 더욱 맑으며,　　　　香遠益淸

오롯이 꼿꼿하고 깨끗하게 서 있어　　亭亭淨植

멀리서 바라볼 수는 있으나　　　　可遠觀

함부로 가지고 놀 수도 없음이니라.　而不可褻翫焉

– 주돈이周敦頤, 1017~1073, 『애연설愛蓮說』

매월당과 향원익청

고집스럽게 만들어지는 매월당의 차

여느 기와집이나 콘크리트 집에 걸려 있었다면 이 문구가 이토록 절절하게 와 닿지는 않았을 것이다. 검소하나 누추하지 않은 동리의 풍광은 고구려 석성을 재현하듯 아귀가 딱 들어맞는 담벼락의 돌덩이 하나부터 지붕에 올린 억새 한 줄기까지 모두 신목의 손길을 거쳐 완성된 공간이기에 자아낼 수 있었던 것이리라. 억만금을 준다 해도 고개가 저어질 고된 작업을 한세월 이어온 것은 그의 고집스러운 성미 때문이 아니었을까?

그 공간에서 만들어지는 차 또한 신목의 고집을 닮았다. 초암 뒤편으로 이어지는 홍송 숲과 만학동 계곡에 산재한 야생 차나무에서 딴 찻잎은 자연의 바람을 이용한 그의 키질로 골라진 뒤에야, 반질반질 잘 닦인 솥에 들어가서 잘 마른 소나무 장작불을 만난다. 차는 도끼 끝에서 시작된다는 정신으로 잘게 패서 쌓아 둔 장작더미는 향원익청의 상징이 되었고, 옳은 차를 만들어야 한다는 집념은 여러 해 동안 만든 차를 통째로 텃밭 거름으로 향하게 했다. 제다에 관해 우리 조상이 남긴 글을 읽으며 차를 만들기 시작했지만, 이제는 쇄청과 위조, 긴압 등 중국차에서 많이 사용되는 제다법을 활용해 우리 차의 지평을 넓히는 그의 자유로운 정신은 유불도에 얽매이지 않았던 매월당 김시습을 떠올리게 한다.

매월당은 행정구역상으로는 남원이지만 산천경개를 따르자면 곡성, 순창, 구례로 펼쳐지는 매화 가지의 분기점에 앉아 있다. 소백산맥에 앉아서 태백산맥을 바라보는 영주 부석사처럼 이곳은 너른 평야 너머로 지리산을 마주하고 있기도 하다. 이런 위치 때문일까, 보통 차를 하는 사람은 그 공간에 갇히게 마련인데, 신목 선생은 산줄기를 따라 곡성부터 나주까지 야생차 군락지를 제집처럼 드나든다. 그가 만든 고려단차에 붙은 남원 연지암, 나주 식산, 곡성 설산, 임실 백련산, 해남 두륜산 같은 이름이 바로 그 결과물이다. 일분일초가 바쁜 제다 철에 각지를 다니는 이유를 묻자 우문현답이 이어진다. 와인에서 포도나무가 자라는 떼루아를 강조하듯, 차나무의 생장 환경 또한 차 맛에 영향을 많이 미친다는 것이었다.

예를 들면, 곡성 설산의 야생 차밭은 바위산에 햇볕이 60퍼센트 이하로 차광되는 환경이고, 나주 식산은 차광률이 80퍼센트 이상 되는 그늘진 환경이나 차나무가 황토층 위에서 자라고 있다는 것이다. 보이차는 차산茶山별로 그 맛을 따지면서 우리 차에 대해서는 왜 그런 생각을 못 했을까? 차의 생장 환경은 다서茶書마다 도입부에 늘 언급되는 사항이기에 부끄러움이 더했다.

> 제일 좋은 것은 푸석푸석한 돌밭에서 난 것이고,　　其地上者生爛石
>
> 중간은 자갈에서 난 것이고,　　中者生礫壤
>
> 제일 못한 것은 황토에서 난 것이다.　　下者生黃土
>
> – 육우陸羽, 733~804, 『다경茶經』

차를 심는 땅은 벼랑이면 반드시 양지여야 하고, 밭이면 꼭 음지여야 한다. 대개 돌은 성질이 차기 때문에 잎은 생육이 억제되어 파리하며 맛은 변변치 못하고 싱거운 법이니, 반드시 볕을 받아 기운을 펴야 한다. 흙은 성질이 넓으므로 잎은 성기면서 거칠고 맛은 뻣뻣하면서 가벼운 법이니, 반드시 그늘을 받아 기운을 조절해야 한다. 음양이 서로 조화되면 차가 자라는 것이 마땅함을 얻는다.

植産之也 崖必陽陰 圃必陰 蓋石之性寒 其葉抑以瘠 其味疏
以薄 必資陽和以發之 土之性敷 其葉疏以暴 其味强以肆 必

2017년 곡성 설산 차밭 나들이

2014년 남원 차밭 나들이

資陰蔭以節之 陰陽相濟 則茶之滋長得其宜

– 서유구徐有榘, 1764~1845, 『임원경제지林園經濟志』, 「대관다론大觀
茶論」

　2017년 봄, 떼루아의 차이를 직접 경험해보기 위해서 차
벗들과 함께 곡성과 남원 일대 차산을 답사하며 함께 마셔본
산지별 차 맛은 우리 차의 새로운 가능성을 엿보여주기에 충
분했다. 이런 찻잎이 있다면 우리나라에서도 스페셜티 커피
처럼 특별한 차를 만들 수 있으리라는 생각이 절로 들었다.
『춘향전』으로만 알려진 남원이 차의 고장으로 이름을 알리는
날이 올 수 있지 않을까 하는 기대와 함께 말이다.

　그의 도전은 오늘도 계속되고 있다. 남원에서 이어져 오
던 초암의 차 문화를 복원하고, 어린아이부터 커피 바리스타
들까지 누구나 차밭을 경험할 수 있도록 문호를 개방한 것이
다. 기행을 일삼았던 김시습이 품은 신선의 꿈을 사표師表로
삼는 그의 도전이 어떤 결과로 이어질지는 아무도 모를 일이
지만, 경계에 갇히지 않은 것이 신선이라면 매촌마을 매월당
에는 신선이 산다.

전남 순천,

수달이 뛰노는 곳에서 되살아나는
우리 차의 전통

서울에서 꼬박 네 시간, 남쪽으로 내려가면 모후산 자락 주암호에 다다른다. 주암호를 거슬러 올라가면 포장도로 끝 자락에 생태보전구역 간판이 나타난다. 주암댐을 건설하면서 수몰 지역과 그 상류 지역 2,300여 가구를 이주시키고 상수원 보호를 위해 설정된 곳이다. 육중한 철문을 지나 비포장도로로 들어서면 이윽고 별천지가 펼쳐진다. 이주민의 마음을 달래고자 세워진 비석 너머로 철 따라 개나리, 철쭉, 작약이 만발하는 동리. 인적 드문 계곡에는 수달이 헤엄치고, 대밭 아래 차나무는 철없이 싱그럽다. 여기가 바로 동아시아차문화연구소의 박동춘 이사장이 차를 기르고 만들어온 곳이다.

2017년부터 해마다 이곳을 찾으며 가장 인상 깊게 여긴 것은 바로 불이었다. 우리가 한 잔의 차를 오롯이 다려서 내기까지 흙, 물, 불, 나무, 금속 어느 하나 필요치 않은 게 없지만, 불이 찻잎에 숨결을 불어넣는 장면은 좀처럼 마주하기 쉽지

않기 때문이다. 게다가 조선 후기 차 문화를 중흥시킨 초의선
사의 제다법을 이어서 40년째 차를 연구해온 박 이사장이 차
를 덖는 불에는 사람의 마음을 끄는 특별한 힘이 있었다.

먼저 여린 불로 덖어서 부드럽게 하고,　先用文火焙軟
다음에 센 불로 향기를 열어준다.　　　次用武火催之
(중략)
그 불은 오직 맹렬함을 피하고,　　　　然火雖忌猛
더욱이 솥이 식는 것을 조심하지 않으면, 尤嫌鐺冷
찻잎이 익지 아니하기에,　　　　　　　則枝葉不柔
그리하여 불이 세고 여림을 살피기가,　以意消息
가장 어렵고도 어렵다.　　　　　　　　最難最難

– 허차서許次紓, 1549~1604, 『다소茶疎』, 「차 덖기炒茶」

찻잎에서부터 시작하는 제다

　차 따기만 수십 년, 눈빛부터 예사롭지 않은 아랫동네 할머니들이 동틀 녘부터 딴 찻잎이 광주리에 담겨오면, 지푸라기와 묵은 잎을 골라내고 줄기를 잘라내는 작업이 시작된다. 모두가 집중해서 찻잎을 고르는 동안 불을 담당한 이들 또한 분주해진다. 아궁이에 불을 지피고 솥을 깨끗하게 닦아내는 작업이 끝나야 본격적으로 차를 덖을 수 있기 때문이다. 이윽고 선별을 마친 찻잎이 쟁반에 담기고, 솥 온도가 300℃ 안팎에 이르면, 대나무 가지를 엮어 만든 솔을 든 박 이사장이 차 덖기殺青에 몰입한다.

　이때 아궁이 불 조절은 오랫동안 합을 맞춰온 동리 분들이 담당하는데, 그 움직임이 자못 신기하다. 박 이사장이 오직 솥 안에 찻잎에 집중하면서 '뜨거워요', '조금 더 높여주세

여린 불과 센 불의 흐름 속에서 이루어지는 제다

요', '온도 유지해주세요' 하고 신호를 주면, 말이 끝나기 무섭게 불이 달아오른 아궁이 속 장작을 꺼내거나 던져서 넣기도 하고, 때로는 반으로 쪼갠 대나무를 국자로 활용해서 물을 끼얹기도 한다. 찻잎이 600그램가량 담긴 쟁반 하나를 덖어내는 4~5분 동안 온도 얘기가 대여섯 번은 나오니 정신이 없을 법도 한데, 그 모두가 익숙한 듯 불도 사람도 침착하게 따라간다. 허차서가 말한 "어렵고도 어려운" 것이 이 흐름 아닐까. 문화文火와 무화武火, 즉, 여린 불과 센 불의 흐름 속에서 어미 나무에서 떨어져 나온 찻잎은 새로운 생명을 얻는다.

초벌 덖음을 마친 찻잎은 곧장 아랫동네 할머니들이 둘러앉은 왕골 돗자리로 향한다. 덖은 찻잎을 돗자리에 비비는 유념揉捻 과정이다. 노동요 대신 바깥양반이 젊은 시절 속 썩이던 이야기, 바람났던 이야기로 단전에서부터 기운을 끌어올린 할머니들의 손길에는 부쩍 힘이 들어간다. 저렇게 세게 밀고 당기며 비벼도 괜찮을까 싶을 강도지만, 유념을 깊이 해야만 찻잎 조직이 적당히 파괴돼서 그 진액이 표면에 고르게 묻고 향과 맛이 잘 우러난다고 하니, 베테랑의 손길에는 다 이유가 있구나 싶다. 이 과정을 마친 찻잎은 갈대를 엮어 만든 발 위에 한지를 깔고 뭉치지 않도록 잘 흩어놓은 다음, 다시 한지를 한 겹 덮어서 유념 과정에서 나온 진액이 잎 표면에 엉길 수 있도록 두어 시간을 둔다. 이때 올라오는 청량한 향기는 말로 표현하기 어려운 매력을 지녔다.

마지막 단계는 바람에 수분을 어느 정도 날린 찻잎을 다시 솥에 덖어서 건조하는 재건再乾 과정이다. 솥 온도는 80

유념과 건조 과정

재건 과정을 마친 차

~100℃로, 초벌 때보다 낮지만 향을 보듬어 담는 공정이기에 불 조절은 더 예민하다. 아궁이 불의 미묘한 변화에도 차를 덖는 이들의 오감이 곤두서고, 불을 맡은 이의 등줄기에는 땀이 흐른다. 그러기를 30여 분. 피어오르는 향기는 두어 차례 그 결을 바꾸다가 마침내 바티칸 콘클라베에서 피어오르는 흰 연기처럼 제다의 끝을 알리는 차향을 낸다. 풋풋한 봄날의 잎사귀가 불을 만나서 정갈한 차로 재탄생했다.

박동춘 이사장의 말에 따르면, 차 문화가 쇠락한 조선 후기에도 불가佛家에서 명맥을 이어온 우리 차의 원형은 잘 익힌 차라고 한다. 우리 차는 마시는 방법도 다소 차이가 있다. 차를 넉넉히 넣고 여러 차례 우려 마시는 방법이 일반화된 중국과 일본의 차와 달리 차를 적게 넣고 한 번 우려 마시기를 기본으로 하기에 첫 탕에 정수가 우러나올 수 있도록 차를 만들었다는 것이다. 추사 김정희, 다산 정약용의 큰 뜻을 북돋고 아쉬움을 달래던 초의선사의 차가 긴 세월의 강을 건너 이렇게 이어진다고 생각하면 차 한 모금에도 감회가 새롭다.

2020년 순천 차밭 나들이

경남 하동,

나무를 깎아 의미를 담는
화개골의 장인

 삼국 시대로 거슬러 올라가는 한국 차의 역사를 이야기할 때 지리산 화개골을 빼놓을 수 없다. 천년이 넘는 세월, 차나무와 함께 살아온 고장답게 이곳은 사방이 차밭이다. 차를 마시는 자리에 필요한 그릇과 도구를 만드는 장인에게도 화개는 중요한 터전이다. 차나무에 새순이 돋는 계절에는 차를 덖고, 제다철이 지나고 나면 공간 디자인과 차 도구 제작에 전념하는 고연산방의 차밭도 화개 용강마을에 자리 잡고 있다.

 나무를 깎아 차 도구를 만드는 그의 작업은 하드우드를 고집한다. 소재의 특성상 기계의 힘을 빌리기 어렵고, 정교한 작업이 쉽지 않음에도 불구하고 해마다 새로운 디자인을 제시하면서 작업을 꾸준히 이어왔다. 그 원동력을 묻는 말에 그는 차와 처음 인연을 맺은 어린 시절의 이야기를 들려주었다. 조선 시대부터 대대로 대목장으로 나무를 다뤄온 집안에서 태어나서, 차를 즐기는 어르신 슬하에서 자라난 덕분에 차

고연산방 화개 차밭

와 나무를 일찍 접할 수 있었다는 것이다. 목신木神이 붙었다고 어른들이 걱정할 만큼 산으로 들로 나무를 보러 다니고, 부산 중앙동으로 집안 어른의 차 심부름을 다닌 어린 시절 경험은 지금까지도 차 도구를 디자인할 때 많은 영감으로 다가온다고 한다. 특히 차도 향도 모두 귀하던 시절에 차를 처음 접하고 배웠기에 그에게 있어 차 도구는 가치를 담아낼 수 있는 품격을 갖춘 것이어야만 했다.

　작품을 만들 때는 하드우드 가운데도 오래 묵힌 고재를 사용하는데, 이는 변형이 적고 어두운 톤이 차실에 어울리기 때문이라고 한다. 소프트우드와 달리 하드우드는 조직이 치

밀하기에 얇게 깎을 경우 갈라지거나 터질 염려가 있으나 잘 관리하면 세월이 흐를수록 색감이 깊어지고 고태古態의 아름 다움이 드러난다고 한다. 또한 금속과 달리 나무는 물성이 가 볍기 때문에 기물의 스케일에도 신경을 쓴다. 실제로 이런 고 려 없이 만들어진 목공예품을 찻자리에 올리면 다른 소재의 기물들과 어울리지 못하는 경우를 경험하게 된다. 그의 작품 은 이렇듯 기교를 뽐내기보다 소재의 매력을 살리고 의미를 담는 데 집중한다.

청년청담 찻자리에서 쓰도록 선물해준 다하茶荷, 찻잎을 보 고 다관에 옮겨 담을 때 사용하는 도구로 우리말로는 차보기라 한다를 예를 들면, 홍매나무 고재를 매화 꽃송이 모양으로 파내고, 참석자들이 일 년 열두 달 늘 좋은 차를 마시며 번창하기를 기원하는 마 음을 담아서 차를 꺼내는 출로出路를 12면으로 깎았다. 뒷면에

나무를 다루는 도구

홍매 고재 매화문 다하

새겨진 ㄱㄴ 모양의 관지款識도 독특하다. 고연산방의 '고'를 의미하는 동시에 영어의 ABC가 처음을 뜻하듯 한글의 'ㄱㄴ'을 새겨 초심을 잃지 않겠다는 스스로의 다짐을 담기도 했다. 'ㄱㄴ'이 캔틸래버Cantilever 구조처럼 생긴 점도 중요한 이유였다. 고연산방 디자인 철학의 근간이 바로 캔틸래버 구조를 만들어낸 미드 센추리 모던 디자인에 놓여 있기 때문이다.

산복숭아 고재 연화문 다하, 청매 고재 국화문 다하, 돌복숭아 고재 귀갑문 다하, 참죽나무 비비추문 다하, 그리고 느티나무 파도문 개치(다관 뚜껑을 올려놓는 도구), 그리고 호두나무 국화문 개치와 운문 향로에 이르기까지 고연산방 작품을 적지 않게 다루어봤음에도 불구하고 같은 소재나 문양을 찾기는 좀처럼 쉽지 않았다. 이렇게 각기 다른 소재와 문양으로 만들어진 작품은 장수長壽와 초심初心과 같은 전통적이고 근원적인 의미를 품고 있으면서도 모던한 디자인 덕분에 현대적인 공간에서도 잘 어우러진다.

차 도구의 실용성에 대한 고연산방의 철학도 흥미롭다. 그는 늘 편의성을 염두에 두고 작업을 하지만 다하만큼은 왼손으로 잡고 천천히 주의를 기울여야 다관에 차를 담을 수 있도록 만든다고 한다. 늘 바쁘게 '생략'을 거듭하는 현대인의 일상에서 차 마시는 시간만큼은 더디게 흐를 수 있도록 나무를 트위스트 기법으로 파내서 찻잎이 천천히 나오게 만들었다는 것이다. 또한 오른손을 많이 쓰는 현대인들이 잠시라도 왼손을 사용하면서 조금이나마 균형을 회복할 수 있기를 바라는 마음이 담겨 있다고 한다.

다양한 고재로 만들어진 목다구

고연산방 찻자리

깊은 다크 초콜릿 풍미의 자닮황차

고연산방의 작품을 기다리는 사람이 많지만 해마다 봄철에는 그 기다림이 더욱 길어진다. 해발 300미터 고지에서 자연농법으로 재배한 차나무에서 찻잎을 수확해서 자닮녹차, 자닮황차라는 이름으로 차를 만드는 동안에는 차 도구 작업이 잠시 중단되기 때문이다. 고연산방의 제다는 차를 즐기는 한 사람으로서 직접 차를 만들어보고 싶다는 생각에서 시작되었다고 한다. 또한 본래 녹차는 속을 상하게 하거나 냉한 것이 아님에도 불구하고, 잘못된 제다 및 음용 방법으로 인해서 녹차가 외면 받는 현실에 대한 안타까움도 그가 직접 차를 만들게 된 직접적인 이유였다.

　　차밭이 천왕봉에서 화개골로 불어오는 바람길에 위치한 탓에 이곳에 봄은 늦게 다다르고, 금세 여름이 시작된다. 그래서 일아일엽一芽一葉과 일아이엽의 어린잎만을 고집하는 자닮녹차는 많이 만들어도 40통이 전부지만 맑고 청량한 차 맛을 자랑한다. 녹차 제다를 마치면 이어서 만들어지는 자닮황차는 다크초콜릿 같은 쌉싸름한 풍미로 한국 반발효차를 선호하지 않던 서양 사람들의 입맛도 사로잡았다. 아직 갈 길이 멀다고 늘 겸손하게 말씀하시지만 고연산방에서 이렇게 완성도 높은 차들을 만들어낼 수 있는 바탕에는 구전되는 전통 방식에만 얽매이지 않고 우리 차나무 특성에 적합한 중국차 제다법을 집중적으로 연구한 노력이 있다. 생산량에 대한 욕심을 버리고, 수확할 때부터 솥에 넣을 때까지 찻잎의 품질과 양을 엄격히 관리함으로써 잘 익힌 차를 만든다는 점 또한 이곳 차가 신뢰받는 이유가 아닐까?

2017년부터는 고연산방에 반가운 이웃이 하나 늘었다. 분당에서 많은 이들의 사랑을 받아온 호중거가 고연산방 옆으로 내려왔기 때문이다. 예약제로 하루에 두 팀만 방문 가능한 작은 공간이지만 그 안에서 내다보는 화개골 풍경은 장쾌하다. 화개에서 나는 차와 도자기, 그리고 차 도구는 물론, 세월을 품은 중국차와 앤티크 기물이 가득한 호중거에 들어서면 도낏자루 썩는 줄 모른다는 옛말을 실감한다. 차나무에 흰 꽃이 피는 계절이 되면 호중거가 더욱 그리워진다. 차실에 앉아 바라보는 중정 차밭 풍경이 황홀하기 때문이다. 나무를 깎아서 의미를 담는 공간 옆에는 차를 담아서 온기를 전하는 공간이 있다.

고연산방 이웃에 자리잡은 호중거

전남 강진,

다산의 뜻을 이어 떠오른
월산의 떡차

유홍준 교수는 인문서 최초로 밀리언셀러를 기록한 『나의 문화유산답사기』 시리즈의 여정을 강진에서 시작한다. 그것도 남도 답사 일번지라는 거창한 타이틀을 걸고 말이다. 그는 옛 도읍지만큼 유적이 가득한 고장도 아니고, 우리 역사 속에서 화려한 스포트라이트를 받아본 적도 없는 이곳에서 대장정을 시작하는 까닭을 이렇게 설명한다.

거기에는 뜻있게 살다간 사람들의 삶을 베어내는 듯한 아픔과 그 아픔 속에서 키워낸 진주 같은 무형의 문화유산이 있고, 저항과 항쟁과 유배의 땅에 서려 있는 역사의 체취가 살아 있으며, 이름 없는 도공 이름 없는 농투성이들이 지금도 그렇게 살아가는 꿋꿋함과 애잔함이 동시에 느껴지는 향토의 흙내음이 있으며, 무엇보다도 조국강산의 아름다움을 가장 극명하게 보여주는 산과 바다와 들

판이 있기에 나는 주저 없이 '일번지'라는 제목을 내걸고
있는 것이다.

– 유홍준, 『나의 문화유산답사기: 제1권 남도답사 일번지』

강진이 남도답사의 일번지로 손색없는 또 하나의 이유
는 바로 차다. 이곳에 유배객으로 내려와 18년을 살며 강진
일대를 조선 후기 차 문화 부흥의 거점으로 자리잡게 한 다산
정약용, 그리고 그의 제자 이시헌 집안에서 백년을 이어온 다
신계의 약속이 월출산 아래에서 전해지고 있다. 그러니 남도
답사는 물론 한국 차를 만나러 가는 여정에서도 강진을 빼놓
기는 어렵다. 한국 차 문화가 최고로 번성했던 고려 시대에도
강진은 차와 인연이 깊었다. 무수히 많은 청자 차 도구가 이곳
강진에서 만들어져서 뱃길로 개경까지 올라갔으니 말이다.

강진 백운옥판차

강진 차밭 나들이의 발걸음은 자연스레 다산이 차를 끓이던 다조茶竈가 남아 있는 다산초당과 그가 혜장 선사와 차를 마시던 백련사 만경루로 향한다. 다산이 걷던 만덕산 산길을 넘어 백련사를 다녀오는 것도 감회가 남다르다. 허나 해가 지기 전에 서둘러 발길을 옮겨야 할 곳이 있다. 바로 삼층석탑이 하나 외로이 지키고 있는 월남사지다. 이곳에 서서 산정을 바라보면 왜 산 이름이 월출산인지 고개를 끄덕이게 된다. 매일 밤, 세상 모든 산에서 달이 떠오르지만 이곳에서 보는 달만큼 아름답게 떠오르는 달은 없다고 감히 단언할 수 있기 때문이다.

다산초당(좌)과 백련사 만경루(우)

이한영 생가에서 바라보는 월출산 야경(좌)과 월남사지 삼층석탑(우)

　달빛에 취한 마음은 삼층석탑 인근에 자리 잡은 이한영
차문화원에서 달랠 수 있다. 이한영은 앞서 언급한 다산의 제
자 이시헌의 7대손으로 일제강점기를 살다 간 인물이다. 대를
이어 다신계의 약속을 지키며 해마다 다산 집안에 차를 보내
던 그는 일제가 강진과 보성의 차를 대량으로 수탈해서 일본
차로 둔갑시키는 것을 보고서 새로운 결심을 하기에 이른다.
한국 최초의 상업화된 차 브랜드를 만들고 물산장려운동에
동참한 것이다. 바로 '백운옥판차'다. 차 포장지에는 매화꽃을
한반도 모양으로 수놓아 빼앗긴 들에도 봄이 돌아오길 바라
는 마음을 담았다. 해방 이후 이 일대는 '오설록'으로 유명한
브랜드 태평양에서 거대한 차밭을 일궈서 지금도 해마다 많
은 양의 차를 생산하고 있다.

자칫 고졸한 이야기의 맥이 끊어질 뻔했으나, 이한영 선생의 고손녀 이현정 원장이 이한영차문화원을 통해서 선조들이 차에 담았던 정신을 잇고 있으니 다행이다. 현대적 제다법으로 운영되는 거대한 플랜테이션이 들어왔음에도 불구하고 전통이 이어질 수 있었던 까닭은 전통적인 형태의 차밭이 이곳 월출산 아래 온전하게 보존되어 왔기 때문이다. 그것도 단순한 차밭이 아니라 담양 소쇄원, 완도 세연정과 더불어 조선시대 호남 3대 정원으로 손꼽히는 백운동별서 대숲에 야생 차밭이 남아 있었다.

거듭된 전쟁의 참화 때문일까, 우리나라에서는 이렇게 한 집안에서 수백 년을 이어가는 전통과 스토리를 좀처럼 찾아보기 어렵다. 그렇지만 이 스토리가 전부였다면 멀리 강진까지 차밭 나들이를 권하지는 않았을 것이다. 차도 결국 음료이기에 현재를 살아가는 우리가 우리고 마셨을 때 만족스럽지 않다면 의미가 없기 때문이다. 감사하게도 이현정 원장의 차는 특별한 매력이 있다. 차 맛의 비결을 묻는 이들에게 이현정 원장은 "배추가 좋아야 김치가 맛있는 것처럼, 찻잎이 좋아서 차가 맛있다"라며 겸손하게 답한다. 하지만 제다법을 과학적으로 연구하면서 이학박사 학위까지 마친 그녀의 노력이 없었다면 이렇게 차별화된 품질을 갖출 수는 없었을 테다. 대표 브랜드인 백운옥판차 녹차도 훌륭하지만, 월출산에서 떠오르는 보름달의 형상을 닮은 월산 떡차의 인기도 상당하다. 찻잎의 발효 과정을 과학적으로 분석하고 제다법을 개량한 덕분에 남다른 풍미를 갖출 수 있었고, 말린 해당화와 금잔화

가 물속에서 피어나게끔 디자인한 블렌딩 차가 젊은 차인들의 마음을 사로잡았기 때문이다.

차나무에 새순이 돋는 계절 강진을 찾는다면 때맞춰 피는 모란도 꼭 봐야 한다. 읍내에 위치한 김영랑 시인의 생가에는 그가 애태워 기다리던 형형색색의 모란이 지천이다. 또한 차로 30분이면 닿는 이웃 고을 장흥도 함께 둘러볼 수 있으면

강진 백운동 원림과 야생 차밭

좋다. "차나무는 벌들에게 마지막 밥을 준다"라는 따뜻한 말씀과 함께 청태전을 널리 알린 김수희 원장의 평화다원, 찔레꽃 내음을 닮은 황차가 매력적인 송영건 선생의 설송다원, 그리고 천년고찰 보림사를 둘러싼 차밭과 보림약수에 이르기까지 장흥 또한 차밭 나들이 코스에서 빠뜨릴 수 없는 고장이기 때문이다.

꽃 피는 월산떡차

강진읍 영랑생가(좌)와 장흥 보림사 청태전 길(우)

---

*
'차를 만나다' 편에는 출판사 '자유문고'의 동의를 얻어 『영화, 차를 말하다』에서 필자가 서술한
「우리는 왜 차를 마시는가」의 내용이 일부 수록되어 있습니다.

차
를
익
히
다

차茶를, 시작합니다

다회와
티 클래스

'한 번도 안 먹어본 사람은 있지만, 한 번만 먹은 사람은 없습니다.' 모 도넛 회사의 자신감 넘치는 광고 문구다. 차에 관해서도 같은 이야기를 할 수 있으면 좋으련만, 안타깝게도 현실은 정반대에 가깝다. '차를 한 번도 안 마셔본 사람은 없지만 계속 마시는 사람도 거의 없습니다'라고 말이다. 마시는 것도 그렇지만 본격적으로 차를 즐기는 경우는 더욱 드물다. 차에 관심을 가졌던 사람도 그 취미를 꾸준히 이어가기 쉽지 않기 때문이다.

그 이유에 대해 청년청담 다회에서도 여러 차례 이야기를 나눠보았다. 입문 단계를 넘어서 더 깊이 파고드는 인원은 어느 분야에서나 많지 않다는 의견이 다수였지만, 차 문화에 덧씌워진 사회적 인식이 굴레로 작용할 수 있다는 의견도 있었다. 즉, 커피나 와인에 대해서는 입문자가 다소 서툴게 접근해도 흉이 되지 않지만, 차에서는 특히 형식을 제대로 익히지 못한 모습을 보이면 안 될 것 같은 부담을 느끼기 때문에 지레 포기한다는 것이다. 실제로 어디 가서 차를 즐겨 마신다고 말하면 "젊은 사람이 다도를 할 줄 아느냐?"라며 신기하게 여기는 분이 적지 않을 만큼 차를 곧 다도로 여기는 인식의 뿌리는 깊다. 차를 그저 단순한 음료로 여기기엔 그 안에 하나의 문화로서 발전해온 역사가 있기에 어쩔 수 없는 일지만, 차를 즐기는 사람이 더 많아졌으면 바라는 입장에서는 안타까운 현실이다.

이런 사회적 시선이 신경 쓰인다고 해서 본격적으로 차를 배우자니 그것도 부담스럽긴 마찬가지다. 알파벳 송이 재미나서 흥겹게 불러보니 주변에서 영문과 입학하라고 등 떠미는 형국이 아닌가? 그렇다고 손닿는 대로 편하게 즐기다 보면 또 어느 순간 흥미를 잃고 차와 자연스레 멀어지는 경우가 적지 않으니 그야말로 진퇴양난이 아닐 수 없다.

이게 자신의 이야기처럼 느껴진다면 좋은 방법이 있다. 바로 찻집이나 동호회에서 진행하는 다회나 티 클래스에 참석하는 것이다. 본인이 직접 뭔가를 해야 하는 부담 없이 정해진 차를 중심으로 흘러가는 다회를 경험하면서 자기 취향과 관심을 찾을 수도 있고, 특정한 주제로 진행되는 티 클래스를 통해서 기본적인 다구 사용법을 익힐 수 있기 때문이다.

차를 즐기는 문화를 확산하기 위해서는 '집밥 백선생' 같은 존재가 차계에도 필요하다. 요알못(요리를 알지 못하는) 현대인들이 백종원 대표를 따라서 프라이팬을 들었던 것은 그가 한 음식이 탁월하거나 레시피가 특별해서가 아니었다. 음

2016년 5월 청년청담 월례다회

청년청담을 소개한 조선일보 기사

식이란 정답이 있는 게 아니라 누구나 쉽게, 취향대로 만들어볼 수 있는 것이라는 인식의 전환을 이끌어냈기 때문이다. "쉽쥬?"라는 구수한 사투리를 던지면서 말이다.

　백선생의 요리가 설탕과 계란프라이에서 시작하듯, 차도 그렇게 시작하면 된다. 관심이 가는 찻자리를 찾아가서 경험하고, 간단한 것부터 배우면 된다. 이는 결코 어려운 예법이 필요 없다는 달콤한 위로가 아니다. 형식에 얽매이지 않더라도 차를 즐겁게 배워나갈 수 있다는 사실을 알리고 싶을 따름이다. 2016년만 하더라도 이런 조언은 실효성이 없었다. 손쉽게 찾아갈 수 있는 찻자리도, 티 클래스도 찾아보기 어려웠기 때문이다. 청년청담이라는 모임을 만들고 한 달에 한 번씩 다

회를 개최할 수 있었던 것도 누구에게나 문이 열린 편안한 찻자리를 직접 만들어보자는 공감대 덕분이었다.

이제는 상황이 조금 달라졌다. 2018년부터 각지에 크고 작은 차 공간이 생겨나기 시작했고, 티 클래스와 다회도 경쟁적으로 개최되고 있다. 홍차, 보이차, 말차를 주제로 한 원데이클래스는 물론, 꽃차를 배우고 만들어보는 수업까지 종류와 깊이도 다양하다. 의지만 있다면 네이버나 인스타그램 예약만으로도 차에 한 걸음 다가설 수 있는 시대가 열린 셈이다.

보성 다채의 꽃차(좌)와 화담 차문화 아카데미 티부케(우)

다례茶禮,
다예茶藝,

그리고 다도茶道

나홀로 차에 대한 호기심을 키우던 단계에서 한 걸음 더 나아가 다회나 티 클래스에 참여하면 새로운 세상이 열린다. 다양한 차와 처음 보는 도구들, 낯설지만 멋지게 들리는 전문 용어까지, 눈이 휘둥그레질 수 있다. 그리고 무엇보다 새로운 세상에 나아가 얻을 수 있는 값진 자산은 바로 사람이다. 나와 비슷한 궁금증을 가지고 있거나 그 궁금증을 풀어줄 수 있는 이들, 바로 차벗이다. 차라는 공통의 관심사를 가진 이들이 만나서 서로의 호기심이 공명을 일으키면, 각자가 살아온 환경과 나이, 인종의 경계는 금세 무색해진다.

세 사람이 길을 가면 반드시 내 스승이 있다三人行必有我師는 고사처럼, 차벗은 서로가 서로에게 경험과 지식을 나누는 좋은 스승이 될 수 있다. 또한 각자의 궁금증과 네트워크가 더해지다 보면 우리가 경험할 수 있는 세계는 1+1+1에서 그치는 것이 아니라 2^{1+1+1}처럼 몇 곱절 넓어지게 마련이다. 더 나아가 차벗은 서로에게 거울이 되어주기도 한다. 혼자서는 잘 드러나지 않던 각자의 선호와 취향, 그리고 관심의 정도가 선명하게 나타나기 때문이다.

이렇게 경험의 폭이 넓어지고, 각자 차를 통해서 다다르고 싶은 곳이 선명해지면 다음 행로를 고민해봐야 한다. 조금 더 깊이 들어갈 것인지, 아니면 조금 더 넓게 즐길 것인지 말이다. 꾸준히 가다 보면 결국 어디선가 만나게 되기에 형식을 먼저 익히느냐, 편안하게 즐기는 게 먼저냐 따질 필요는 없지만, 무슨 일이든 체계를 먼저 세우고 임해야 직성이 풀리는 성격이라면 차를 정식으로 배우는 것도 좋은 선택이 될 수 있다.

똑같이 '차'라는 이름으로 불리지만 차를 즐기는 방법은 나라마다 그 지역 기후와 역사의 영향 아래에서 서로 다른 문화로 발전해왔다. 차 문화가 가장 오랜 세월 발전해온 한국, 중국, 일본의 경우 각각 다례茶禮, 다예茶藝, 그리고 다도茶道라는 개념을 중심으로 자국의 차 문화를 정립하고 있다. 그래서 차를 가르치는 기관이나 과정 역시 각자 뿌리를 둔 문화적 맥락에 따라서 그 교육 내용과 강조점에 차이를 보인다. 한국 차 문화에 근간을 둔 교육 기관은 통상 차를 통한 예절과 인성 교육을 중시하는 반면, 일본 다도 유파의 경우 데마에点前라는 차를 내는 행위의 반복 숙달을 통한 수련을 근본으로 삼는다. 중국차를 교육하는 기관의 경우 차 맛에 대한 품평과 차를 다루는 기예技藝를 두 축으로 한다.

이러한 관점의 차이는 다루는 도구와 마시는 차, 그리고 차를 다루는 공간에 이르기까지 총체적으로 영향을 미친다.

서울대 다향만당에서 다례를 배우는 공군사관학교 생도들

일본 다도 우라센케 찻자리

한중일협력사무국에서 개최한 3국 차문화 시연 행사

그러다 보니 한창 어딘가에 소속되어 차를 배우는 이들이 모이는 자리에서는 미묘한 신경전이 벌어지기도 하는데, 막상 오래 차생활을 하면서 일정한 경지에 이른 분들이 모이면 선문답처럼 서로 통하는 광경을 마주하게 된다. 과정과 순서의 문제일 뿐, 차의 정신은 결국 통하기 때문이다.

기관에 따라 다르지만 차 문화 과정을 익히면서 차살림을 꾸려가는 방법은 물론, 각종 자격증을 따는 방법도 있다. 예를 들어, 한국에서 가장 오래된 차 단체인 (사)한국차인연합회의 경우, 전국 각지에 있는 다례원에서 과정을 이수하면, 다례사 사범증을 받을 수 있으며, 다도대학원에 진학해서 예절사, 정사 등의 고급 과정을 이수할 수도 있다. 일본 차 문화의 경우 서울과 부산에 우라센케 지부가 있어서 지속적인 데마에 수련을 통해 단계별 교육을 받을 수 있으며, 중국 차 문화는 서울에 위치한 승설재와 라오상하이 등에서 다예사, 평차사 교육을 받을 수 있다.

이외에도 다양한 차 문화 교육 기관이 활발하게 활동하고 있다. 최근 차계에서 많은 관심을 받고 있는 숙우회는 전통 복식 고증을 포함한 의식주 전반의 변화를 바탕으로 새로운 차 문화를 정립해가고 있으며, 티 마스터, 티 소믈리에라는 개념이 등장하면서 서양의 홍차와 허브차를 포괄하는 차 문화 교육을 하는 기관 또한 다수 운영되고 있다. 또한 성균관대, 성신여대, 원광대, 목포대, 그리고 한서대는 대학원 석사 과정으로 차 문화/차 산업 전공을 개설하고 있기에 각자의 목표와 필요에 따라서 다양하게 선택할 수 있다.

꽃, 향, 킨츠키,

그리고
인문학 강좌

　　주제와 내용이 각기 다를지라도 모든 형태의 교육 과정
은 필연적으로 형식과 체계로부터 자유로울 수 없다. 그렇다
보니 차에 관심은 있지만 상술한 교육들이 적성에 맞지 않
을 수도 있다. 특히 정해진 답을 배우는 것보다 답을 찾아가
는 과정을 즐기는 사람의 경우, 전통적인 차 교육 방식에 답
답함을 호소하기도 한다. 만약 그렇다면 차를 둘러싼 다양한
문화적 요소를 경험하면서 스스로 본질을 찾아가는 것도 나
쁘지 않다.

　　차공부가 적성에 잘 맞아서 열심인 사람도 때때로 망망
대해를 탐험하는 느낌을 받을 수 있다. 차라는 음료가 궁금했
을 뿐인데, 어느새 차 문화가 발전해온 역사, 찻자리에 쓰이는
공예와 음식, 계절에 따른 꽃과 풍류, 더 나아가서는 차를 노
래한 문학과 음악에 이르기까지 넓고도 아득한 인문학의 세
계에 들어와 있는 자신을 발견하기 때문이다. 이 순간, 길을

오하라류 이케바나를 올린 찻자리(위)와
침향을 피운 찻자리(아래)

잃지 않는 방법 역시 차와 관련한 인문학 강좌를 다양하게 접하면서 자신만의 차의 세계를 구축해가는 것이다.

차에 대한 이해를 보다 풍성하게 만드는 중요한 문화적 요소로 꽃과 향을 빠뜨릴 수 없다. 인류가 차 문화를 향유해온 천년이 넘는 세월 동안 꽃과 향은 늘 함께였다. 꽃과 향에 관심을 갖고 공부하려고 보면 일본의 이케바나와 향도香道의 풍성한 내용과 전통에 놀라는 순간을 마주한다. 전란과 정치적 혼란을 겪으면서 차와 꽃, 향을 즐기는 전통이 타격을 받았던 한국, 중국과 달리 일본에서는 이들 문화가 지성인의 교양이자 수행법으로 수백 년 이상 체계를 갖추고 발전해왔기 때문이다.

관점에 따라서는 일본 문화를 익히고 공부하는 것이 불편하게 느껴질 수도 있지만, 맹목적인 추종이 아니라면 우리 문화를 더욱 발전시킬 수 있는 과정이 될 수 있다. 특히 한중일 3국은 고대부터 서로 긴밀히 교류를 이어온 만큼, 각자의 전통과 문화 사이에 서로의 DNA가 남아 있는 경우도 적지 않기에 배타적인 태도보다는 깊이 있는 성찰과 공부가 필요하다. 그런 의미에서 최근 일본의 이케바나와 향도를 한국에서 정식으로 배울 수 있는 과정이 속속 생겨나고, 이를 우리식으로 재해석하거나, 독일 플라워와 접목하는 사례가 나오는 것은 고무적인 일이라고 생각한다.

옻을 활용해서 깨진 차 도구를 수리하는 일본의 킨츠키金継 기술을 가르치는 곳이 늘어나고, 차 도구를 수리해서 새로운 생명을 부여하는 문화가 자리 잡기 시작한 것 또한 기쁜 일이다. 각기 다른 사연과 내력을 가진 차 도구들이 오래 사랑받으면서 앤티크가 되는 모습은 우리 전통에서는 찾아보기 어려운 장면이기 때문이다.

보다 근본적인 공부에 관심이 있다면, 도자사와 제다사, 그리고 차 문화사를 공부하는 것도 꼭 권하고 싶다. 다양한 소재의 차 도구 가운데서도 가장 큰 비중을 차지하고 있는 도자기가 역사적으로 어떻게 발전해왔는지를 반추하고, 차가 만들어지는 과정과 차 문화의 역사적 발전 과정을 살펴봄으로써 차에 대한 이해가 깊어질 수 있기 때문이다. 여러 전문가의 헌신과 노력 덕분에 예전 같으면 대학에서 전공자나 접할 수 있던 깊이 있는 내용을 일반인도 듣고 공부할 수 있는 자리가 늘고 있으니 고무적인 일이라 할 수 있다.

동아시아차문화연구소의 차문화사 강좌(좌) 킨츠키로 수리한 흑유 마상배 찻잔(우)

차 문화 박람회,
차 도구 전시,

그리고 플리 마켓

    차 공부가 꼭 누군가에게 듣고 배우는 일에만 한정되지는 않는다. 다양한 차와 차 도구를 직접 만져보고 구입하는 현장도 그에 못지않게 중요한 배움터가 될 수 있다. 해마다 햇차가 나오기 시작하면 차례로 개최되는 각지의 차 문화 박람회, 그리고 연중 열리는 여러 공예가의 전시는 최신 트렌드를 파악하고 다양한 차 도구를 접할 수 있는 귀중한 기회다.

    차 문화 박람회에는 보통 전 세계에서 생산된 차는 물론, 도자기, 금속, 패브릭 차 도구, 나아가 차실에 필요한 가구에 이르기까지 차생활에 필요한 거의 모든 것이 가득 차려져 있다. 어디서부터 손을 대야 할지 막막해서 아무것도 못 사고 나왔다는 사람이 있을 정도로 말이다. 그래서 박람회에 처음 가는 분들께는 찻잔부터 시작하라고 조언하곤 한다. 반려동물, 반려식물은 부담스럽더라도 반려찻잔 하나 정도는 누구나 구입하고 아껴줄 수 있으니 말이다. 시작은 찻잔 하나지만,

연례 차 문화 박람회

그 찻잔을 쓰기 위해 다른 차 도구와 차를 하나둘 갖춰가면서 나만의 찻자리가 만들어진다.

큰 박람회와 전시도 좋지만 플리 마켓이나 앤티크 마켓도 귀한 작품과 인연을 맺는 좋은 기회가 될 수 있다. 특히 일본이나 영국, 독일처럼 차를 즐기면서 골동을 아끼는 문화가 있는 나라의 경우, 동네마다 주말을 이용해 작은 벼룩시장이 열리기도 한다. 일정이 가능하다면 꼭 시간을 내서 둘러보면 좋다. 또한 해외까지 가지 않더라도 때때로 국내 차인들이 주최하는 작은 플리 마켓이 열리기도 한다. 각자가 자주 사용하

일본 도쿄 오에도골동시(좌)와 일본 교토 도지 엔틱마켓(우)

서울대 미대 도예전공 판매전(좌)과 영국 런던 소더비 경매장(우)

지 않는 차 도구를 내놓거나 차를 소분해 제공하는 이런 자리는 좋은 차 도구를 비교적 저렴하게 구할 수 있다는 장점이 있다. 또 이제는 시중에서 구입하기 어려운 옛날 기물을 마주하고 안목을 키울 기회가 된다는 점에서도 의미 있는 자리다.

물론 누군가는 중고라는 게 아끼는 물건을 내놓기보다는 자기가 쓰기 싫거나 어딘가 하자가 생긴 물건을 내놓았다고 여겨서 꺼릴 수도 있다. 그렇다 할지라도 어떤 차 도구를 오래 쓰고, 그렇지 않은지 그 이유를 관찰하고 배울 수 있는 좋은 공부의 장이 될 수 있다는 사실은 분명하다.

2004년부터 이러한 박람회와 전시를 통해 차 도구를 만드는 여러 공예가를 만나고 인연을 맺어오면서 평생 창작의 벼랑에 서서 작품 활동을 하는 이들의 삶에 대해 진지하게 생각해본 적이 있다. 소비자는 그저 마음에 드는 작품을 고르고 값어치를 지불하기만 하면 된다지만 이들은 왜 평생을 바쳐 이렇게 어려운 길을 걷는 것일까? 뜬금없는 의문이지만 작가들의 대답은 다양했다. 먹고살려면 할 줄 아는 걸 열심히 해야 한다는 말부터 대부분의 시간을 바쳐도 그 일을 할 때 가장 행복하고, 그 행복이 삶을 지탱한다는 이야기까지 말이다.

금속공예가 전용일 교수에 따르면 미술교육학자 클레이그 로란드는 사람이 작품을 만드는 22가지 다른 이유를 분석한 바 있다. 개인적인 즐거움과 만족, 생각과 감정의 표현, 타인과의 소통, 더 나은 환경을 만들고 싶어서, (어떤 대상을) 다른 이들이 더 잘 볼 수 있게 하려고, 새로운 시각적 경험의 제공, 시간/장소/사람/사물의 기록, 중요한 사람/사건의 기념,

문화적 유대와 전통의 수호, 사회적 변화에 영향을 미치기 위해서, 이야기를 하고 싶어서, 치유를 위해서, 스스로를 꾸미고 싶어서, 모호한 것을 설명하려고, 숭배하고 싶어서, 환상 혹은 마술을 만들려고, 미래를 예견하거나 과거를 기억하려고, 생계를 위해서, 다른 이들이 못한 것이라서, 이제까지 이루어지지 않은 것을 이루기 위해서, 즐거움과 웃음을 주려고, 평범한 것을 특별한 것으로 만들고 싶어서, 우리가 사는 세상과 사람을 더 잘 이해하고자 작품을 만든다는 것이다. 어쩌면 차 도구도 이렇게 다양한 이유로 만들어질 것이다. 박람회와 전시, 마켓은 이러한 작품을 만나고 그 작품이 만들어진 이유를 들여다볼 수 있는 소중한 창구다.

여행길에

찻집과
박물관

차 공부의 마지막 단계는 차 문화 기행이다. 대한민국은 전 국토가 박물관이라는 유홍준 교수의 말처럼 우리나라 전국에는 문화유산도 많지만 그중에는 차와 관련한 유물을 품고 있는 박물관과 아름다운 차밭, 그리고 공예가의 작업장이 산재해 있다. 그 여행길에 찻집도 둘러볼 수 있다면 금상첨화일 테고.

체계화된 차 수업이 현재의 차를 배우는 과정이라면, 박물관에 소장된 도자기를 보는 건 과거의 차를 익히는 시간이다. 우리의 선조들은 어떤 도구를 가지고 어떻게 차를 마셨는지, 그리고 그들의 안목과 품격은 어떠하였는지 유물과 무언의 대화를 나누는 것이다. 무라카미 하루키는 형체가 있는 것은 아무리 애써도 언젠가, 어디선가 사라져 없어지게 마련이라고 말했지만, 그렇게 사라지는 것 사이에서 살아남은 기물이 던지는 메시지는 늘 묵직하다.

과거의 차를 익히는 시간, 박물관

우리가 꺼내 쓸 수 있는 것도 아니고, 유리창 안에 박제된 과거가 무슨 의미가 있냐고 반문할 사람도 있겠지만, 과거는 새로운 미래를 만들어가는 디딤돌이 되기도 한다. 고려와 조선의 주기에도 고대로부터 사용하던 금속 제기의 형태적 특성이 남아 있고, 동시대에 사용되던 조선의 분청사기와 백자가 닮은 결을 가지고 있는 것처럼, 공예에서 어느 날 갑자기 하늘에서 툭 떨어지는 것 같은 변화가 발생하는 일은 찾아보기 드물다. 그런 관점에서 보면 전통은 100미터 달리기도, 마라톤도 아니고, 이어달리기를 통해서 만들어진다는 현암요 오순택 작가의 말씀이 깊이 와닿는다.

경주 백암요 장작가마

전국 각지에 있는 공예가의 작업실도 차 문화를 익히는데 중요한 공간이다. 차를 담고 다루는 기물이 탄생하는 과정을 오롯이 관찰할 수 있는 유일한 곳이니 말이다. 내가 사용하는 찻잔 하나가 기계에서 뚝딱 나오는 대신 물과 불과 흙이 도공의 손에서 하나가 될 때 비로소 완성되는 장면을 보고 나면, 찻자리에 앉는 시간이 절로 겸허해진다. 이런 맥락에서 박물관에서 공예가의 작업실로 이어지는 차 문화 기행은 하나의 좋은 콤비네이션이 될 수 있다. 과거에서 현재로, 또 미래에 이어지는 차의 정신은 어쩌면 말이나 글이 아니라 찻잔 하나일 수 있기 때문이다.

몇 해 전, 어떤 이와 대화를 나누다가 충격을 받은 적이 있다. 늘 한 분야를 정해서 집중적으로 연구하는데, 차는 한 1년 공부해보니 대충 다 알겠더라고 스스럼없이 말하는 태도 때문이었다. 워낙 탁월하고 문화적 배경이 있는 인물이라 그럴 수 있겠다 싶으면서도, 평생 해도 모르겠는 게 차공부라는 어르신들의 겸양 섞인 말씀과 대조되는 것도 사실이었다. 세상 모든 사람이 수학은 미적분까지 할 필요가 없는 것처럼 차 공부에도 범위가 정해진 것은 아니다. 모두가 같은 답을 추구할 필요는 더욱 없다고 생각한다. 그러나 차를 만들고, 다루고 향유하는 다양한 방법과 역사를 익히고 그 안에서 자신만의 새로운 길을 만들어 가는 과정에서 자만심은 독이 될 수 있다.

차가 평생 공부가 될 수 있는 까닭은 오래도록 즐길 수 있기 때문이다. 일상에서도 편안하게 즐길 수 있지만 우리의

경주 무위산방 찻자리

하동 호중거 찻자리

발길이 닿는 곳마다 근처에 있는 찻집과 공방, 그리고 박물관을 통해서 공부를 쌓아갈 수 있는 게 차이기도 하다. 더디다고 채근하는 이 없고 스스로 급할 일이 없다면 여행길에 찻집을 들르면서 과거부터 미래까지 시간 여행을 다닐 수 있는 분야가 바로 차다. 이만하면 차 한번 시작해볼 만하지 않은가?

차에 스며들다

수업료와
경험

영화에 조예가 깊은 절친이 청년청담 다회에 참여한 적이 있다. 몇 시간 동안 함께 차를 마시며 이야기를 나누고서 소감을 묻자, 친구의 대답이 걸작이었다. 참석자들이 함께 좋아하는 차를 마시고 이듬해 봄에는 차밭에 가서 차를 만들자고 일정을 잡는 모습을 보니, 프랑스 영화의 누벨바그^{nouvelle} ^{vague = new wave}를 이끌었던 프랑수아 트뤼포 감독 이야기가 생각난다는 것이었다. 감독은 영화를 좋아하는 사람을 3단계로 나누면서, 좋아하는 영화를 여러 번 다시 보는 단계, 직접 영화에 대한 글을 쓰는 단계, 그리고 영화를 직접 찍는 단계로 구분했다. 이 친구가 보기에는 차를 좋아하는 사람들도 비슷해 보인 것이 아닐까 싶다. 본인이 영화에 푹 빠져서 유튜브 리뷰 채널 〈Movie Prism〉을 운영하며 직접 단편영화까지 찍은 친구이기에 고개가 절로 끄덕여졌다.

미쳐야 이를 수 있다^{不狂不及}는 말을 위안으로 삼기도 하

취향의 발견, 안목의 성장

지만 이렇게 무언가 취미에 깊이 빠져드는 과정은 의외로 많은 시간과 비용 지출로 이어진다. 마셔서 없어지는 차는 그렇다 치더라도 차 도구가 하나둘 쌓이다 보면 공간에 부담이 된다. 처음 살 때는 마음에 들었지만 점차 취향이 바뀌면서 좀처럼 손이 가지 않는 기물이 생기기도 한다. 사두면 가격이 오른다는 말에 혹해서 사둔 차는 영 맛이 없고, 심지어 어디 팔 수 없는 경우도 있다.

자신만의 기준이 잡히기까지 이렇게 음으로 양으로 나가는 비용을 흔히 수업료라고 표현한다. 세상에 수업료 없는 공부가 없듯이, 차를 익히는 데도 결국 비용이 든다는 의미다. 그래서인지 수업료를 제법 지출한 바 있는 차인은 새로 차를 시작하는 차벗을 볼 때마다 진지하게 조언을 건네기도 한다. 무엇이든 함부로 구입하지 말라고 말이다. 취향이 분명해지고 안목이 생길 때까지 가능하면 버티라면서 자신은 더 이상 사용하지 않는 차 도구를 선물해주기도 한다.

그게 틀린 말은 아니지만 정반대의 시각도 있다. 차 도구는 사용자의 상황과 여건에 따라 각기 다르게 쓰이기에 직접 사용하지 않고서는 안목을 키우는 데 한계가 있다는 것이다. 또한 영원히 바래지 않는 디지털 사진조차도 최신 기술로 찍은 고화질 사진과 비교하면 흐릿해 보이는 것처럼, 물건이 변하지 않더라도 우리 시각이 변하기도 한다. 즉, 현재의 안목으로 최선을 찾고 경험하는 노력을 미루기만 할 수는 없다는 것이다. 수십 년에 걸쳐 삼성가의 탁월한 미술품 컬렉션을 일궈내고 리움미술관을 만든 홍라희 여사조차도 초창기에는 수업료를 톡톡히 치렀다는 일화가 있다. 고 이병철 회장이 며느리 홍 여사에게 고미술품을 직접 골라와 보라고 거금을 주었는데 골라온 작품들을 감정해보니 태반이 가짜였던 것이다. 이 회장은 민망했을 며느리에게 이런 경험 없이는 안목을 키울 수 없다고 하며 흐뭇해했다고 한다.

아름다워서 사는 기물, 쓰면서 아름다워지는 기물

어쩌면 우리가 평생 차를 마시면서 수업료를 내고 남는 것은 차나 기물이 아니라 경험일지도 모른다. 문화유산이 아는 만큼 보인다는 유명한 말처럼, 차 문화는 경험해본 만큼 느낄 수 있다. 같은 차도, 기물도 기억 속에 비교 대상이 없을 때는 그저 새로운 하나의 느낌일 뿐이기 때문이다. 데이터가 쌓이고 비교 대상이 늘어날수록 찻자리는 더욱 풍성한 이야깃거리로 채워진다.

차를 다루는 실력 역시 마찬가지다. 혼자 마신다고 평생 제자리걸음인 것도 아니고, 전문가에게 배우고 유튜브를 본다고 단번에 능숙해지는 것도 아니다. 어느 길이든 호기심을 가지고 물과 온도, 다구와 차양을 바꿔가면서 비교하는 사람의 차는 점점 맛있게 우려지게 마련이다. 가르쳐주는 정답을 외워서 차를 우린다면 어느 조건 하나만 바뀌더라도 대응이 어렵지만, 자기 경험을 돌아보면서 다양하게 응용할 줄 아는 사람의 차 맛은 좋아질 수밖에 없다.

혼자
마시는 차,

함께
마시는 차

　　조선 후기, 인왕산 옥류동 골짜기에서 중인들의 풍류 모임인 송석원시사를 이끌었던 장혼張混은 『옥계아집첩 서문玉溪雅集帖序』에서 "아름다움은 절로 아름다운 것이 아니라 사람으로 인해 드러난다美不自美因人而彰"라는 명언을 남긴 바 있다. 이종묵 교수는 조선의 문화 공간을 소개하면서 이 글귀를 소개했지만 나는 차를 마실 때면 가끔 이 글귀가 떠오른다. 좋은 사람과 차를 마실 때 그 맛이 배가 되고, 귀한 기물도 비로소 빛이 나기 때문이다. 그만큼 찻자리에서 사람이 갖는 의미는 크고 중하다.

　　초의선사는 혼자 마시는 찻자리를 소중한 신선의 경지에 비유했다. 차를 즐길 때도 손님이 적은 것을 선호했다. 손님이 많으면 분위기가 들뜨고 차의 진수를 즐길 수 없다고 여겼기 때문이다. 둘 혹은 서넛까지는 차의 정취를 즐길 만하다고 보았지만, 그 이상이 되면 그저 차를 베풀고 나누는 일이 될 뿐이라는 것이다. 이는 특히 섬세한 차를 다룰 때 실감하게 된다. 조금만 집중력이 흐트러져도 그 차가 가진 향기와 맛이 제대로 드러나지 않거나 충분히 음미하기 어려워지기 때문이다.

飮茶之法, 客衆則喧

喧則雅趣索然, 獨啜曰神

二客曰勝, 三四曰趣

五六曰泛, 七八曰施也

- 초의 의순, 『다신전』, 「차 마시는 법」

허나 혼자 마시는 찻자리는 영원할 수 없다. 진짜 신선이 아닌 이상, 신선놀음도 하루 이틀이고, 천국이라도 혼자 사는 건 재미가 없지 않은가? 또한 차를 마시는 행위가 단순한

경주 아사가차관 황용골 찻자리

한국 차를 즐기는 덴마크 티 마스터

유희를 넘어서 하나의 의미를 만들어가는 과정이라 본다면, 함께 마시는 찻자리는 더욱 중요한 함의를 갖는다. 상호주관성에 관한 문화심리학자 김정운 교수의 설명에 따르면, 아무리 표현력이 뛰어난 사람이라고 할지라도 혼자 한 경험을 다른 이에게 객관적으로 전달하는 것은 불가능하다고 한다. 차에 대한 평가나 의사소통이 가능하려면 결국 의미를 공유할 수 있어야 하는데, 의미를 공유하기 위해서는 어떤 대상을 함께 보는 과정joint attention이 선행되어야 하기 때문이다.

　　예를 들어 새로운 말차를 마시고 느꼈던 감정을 전달하기 위해서 "바다의 향기가 그대로 느껴졌어. 파래 맛이라고 할까? 매생이국을 마시는 것처럼 부드럽기도 했어"라고 길게 설명을 하더라도 함께 그것을 맛본 사람이 아닌 이상, 듣는 사람마다 머릿속에 그려지는 인상은 제각기 다를 수밖에 없는 것처럼 말이다. 그렇기에 함께 마시는 찻자리는 차생활에 있어서 선택이 아니라 필수다.

함께 마시는 찻자리가 중요한 또 하나의 이유는 함께 보기를 넘어서 마주 보기eye contact가 가능하기 때문이다. 그 자리에서 공유하는 의미는 서로 마주 보고서 그동안 각자가 경험해온 바를 더하고 나눌 수 있는 토대가 되어줄 수 있다. 함께 마신 차와 잘 어울리는 다식에 대한 이야기, 느낌이 비슷한 다른 차에 대한 이야기, 그 차를 어디서 살 수 있는지에 대한 정보에 이르기까지 마주 보고 나눌 수 있는 정보의 양은 무궁무진하다. 신기한 것은 경험은 나누면 줄어드는 대신 배가 된다는 점이다.

청년청담 말차 테이스팅 찻자리

찻자리
공간

디자인

어디를 가든 차 마시는 공간이 자꾸 눈에 들어오고, 나만의 온전한 차 공간을 갖고 싶은 단계에 이르렀다면 이제 정말 차가 삶에 스며들었다고 할 수 있다. 누구나 집 안 한편에서 차를 마시기 시작하지만 궁극적으로는 차를 위해 오롯이 독립된 공간을 꿈꾸기 때문이다. 이 단계에서는 다들 필연적으로 공간을 어떻게 채울지를 먼저 고민한다. 넓은 한옥이든, 작은 방 하나든, 각자의 사정은 다를지라도 무엇을, 얼마나 넣을 수 있을지 생각하는 것이다.

하지만 찻자리 공간 디자인을 오래 고민해온 이들은 먼저 공간을 비우고, 나눌 생각을 해야 한다고 조언한다. 독자가 상상할 틈을 주지 않는 치밀한 서사가 숨 막히듯, 공간도 여백이 있어야 그 공간의 특색이 드러날 수 있기 때문이다. 또한 어떤 공간이든 내부와 외부가 구분되는데, 창, 문, 벽 등으로 구분되는 공간 사이의 이음새와 풍경(혹은 조경)을 먼저 고민

프랑스 건축가 장 푸르베의 '해체할 수 있는 집'

하지 않으면 공간이 완성되고 나서 변경하는 데 많은 부담이
따를 수 있다고 한다.

　여백과 시선이 정해졌으면 이제 스케일과 조도照度를 조
정하면서 공간 전체의 느낌을 잡아야 한다. 한국과 일본의 차
공간은 바닥에 앉는 좌식이 일반적이지만 허리와 무릎에 부
담을 많이 준다는 지적 때문에 최근에는 의자에 앉는 입식이
늘어나는 추세다. 조도 역시 다소 어둡게 잡는 게 일반적이었
으나 최근에는 광원을 다원화해서 조도를 높인 공간이 늘고
있다. 이러한 변화는 단순한 유행이나 취향의 문제를 넘어서
우리 사회가 산업 디자인을 우리 삶 전반에 도입할 만큼 성숙
해가고 있다는 방증으로 볼 수도 있다. 미드 센추리 모던 디자

인에 대한 열풍에 가까운 관심과 북유럽 조명과 가구 수입이 폭발적으로 늘어나는 것 또한 이 연장선에 있다. 궁극적으로는 이러한 수입을 대체할 만큼 우리의 디자인도 더욱 개선되어야 하겠지만 말이다.

현대적이지만 격조 있으며, 소박하지만 경쾌한 공간을 만들기 위해서는 다양한 소재를 조화롭게 사용하면서 테이블과 의자, 수납장 등의 가구와 차 도구를 구비해야 한다. 보통 차 공간이라고 하면 나무로 된 가구 위에 도자기가 올려져 있는 찻자리를 떠올리지만, 그런 공간은 이제 진부하게 여겨지기 일쑤다. 굳이 동양사상의 오행(목화토금수)까지 언급하지 않더라도 우리 눈에 멋스럽게 다가오는 차 공간들을 잘 살펴보면 목재와 도자기는 물론, 금속과 패브릭, 물, 돌을 조화롭게 활용하고 있음을 발견할 수 있다.

임태희 소장의 Space B-E 전시 차실

이때 주의할 점은 여러 사람이 찾아오거나 대중에게 공개되는 공간일수록 개인의 색채는 최소화되어야 한다는 점이다. 개성은 필요하지만 주인의 습관에 갇힌 공간은 매력이 없기 때문이다. 이를 위해서는 본인이 가진 기물을 자랑이라도 하듯 다 노출하는 형태의 수납보다는 적당히 넣어두고 필요한 기물만 꺼내 놓을 수 있는 구조가 더 바람직하다. 이외에도 물을 끓이는 열원과 음향 장치, 다구를 소독하고 세척하기 위한 설비에 이르기까지 고려할 사항이 적지 않지만 상술한 내용에 비하면 큰 틀을 정하고 나서도 얼마든지 보완할 수 있는 요소들이다.

개인이 자유롭게 쓸 수 있는 유휴 공간이 넉넉하지 않을 경우, 앞서 거론한 사항들을 모두 반영하면서 공간을 해석하는 게 어려울 수 있다. 또한 비용에 대한 부담 때문에 지레 포기하는 이도 적지 않을 것이다. 그렇지만 공간에 대한 고민이 일단 시작되었다면, 변화에 대한 굳건한 의지와 용기를 내보기를 권하고 싶다. 사실 존 메이너드 케인스의 일갈처럼 변화에서 가장 힘든 점은 새로움을 생각해내는 게 아니라 이전에 가지고 있던 틀에서 벗어나는 것이기 때문이다.

찻자리 공간에는 영원히 완성이란 없을지도 모른다. 같이 차를 마시는 인원이 바뀌면, 혹은 계절의 흐름에 따라서 한 해에도 여러 차례 변화를 피하기 어려운 것이 사실이다. 나 역시 주말 부부로 마포에 살 때는 거실을 넓찍한 차 공간으로 사용하다가, 살림을 합치며 작은 방 한 칸을 다실로 사용하는 신세가 되었다. 독립된 공간을 얻은 것만 해도 감지덕

하동 고연산방 다실

지지만, 역시 살림을 늘리는 것은 몰라도 줄이는 것은 쉽지 않은 일이었다.

처음에는 막막했지만 수납공간을 분리하고, 테이블 높이가 조절되는 덴마크 앤티크 테이블elevating table을 활용하면서 나름대로의 해법을 찾아가는 중이다. 이 차방에 와본 차벗들도 입을 모아서 이전의 넓은 공간보다 더 멋스러워졌다고 하니 공간 디자인의 효과가 있는 셈이다. 덕분에 이 방은 내리 3년째 '정리 중'이지만 공간 디자인의 재미는 날로 더해간다.

내가

차를 마시는
이유

    "용재 씨는 왜 차를 마시나요?" 차를 취미로 삼고서 가장 많이 받은 질문이다. 젊은 사람이 차를 마신다니 그저 신기해서 묻는 사람도 있었고, 정말 차가 그렇게 좋은 이유가 있는지 궁금해하는 이도 있었다. 매번 대답을 할 때마다 스스로를 돌아보는 질문이었기에 이 책을 쓰면서도 다시 한번 반추하면서 적어보았다. 나는 전공도, 직업도 따로 있는 사람인데 왜 이토록 차를 진지하게 마시는 걸까? 결국은 차를 탐닉하는 한 청년의 변에 지나지 않겠지만, 차를 시작하는 이들이 앞으로 나아갈 길을 모색하는 데 작게나마 참고가 될 수 있지 않을까 하는 마음을 담아서 말이다.

    유홍준 교수는 『안목』이라는 책에서 아름다움을 향유하는 것은 인간의 본능에 가까우며, 그런 미적 향유와 태도를 통해서 우리 정서는 순환되고 치유된다고 주장한 바 있다. 나에게 차는 아름다움을 향유할 수 있게 도와주는 도구다. 차를 통해서 오감을 활용할 수 있게 되었고, 그만큼 다양한 아름다움을 인식하고 즐기는 풍요로운 삶을 살고 있다. 미각적 즐거움, 즉 맛이 단연 차를 마시는 가장 큰 이유지만, 감각적 즐거움은 거기서 그치지 않는다. 산울림의 노래 〈찻잔〉은 이 공감각적 즐거움을 함축하고 있다.

> 너무 진하지 않은 향기를 담고
> 진한 갈색 탁자에 다소곳이
> 말을 건네기도 어색하게
> 너는 너무도 조용히 지키고 있구나
> 너를 만지면 손끝이 따뜻해
> 온몸에 너의 열기가 퍼져
> 소리 없는 정이 내게로 흐른다.
>
> – 산울림, 〈찻잔〉

차를 따르면서 만끽하는 향기와 쪼르르 물 떨어지는 소리, 울긋불긋 물들어가는 탕색, 마침내 손에 쥔 잔을 통해 전해지는 온기와 촉감, 그리고 혀를 통해 전해지는 맛에 이르기까지, 우리는 차 한 잔을 통해서 오감에 집중하고 잠시나마 온갖 번뇌에서 자유를 얻을 수 있다. 대단한 명상법은 아닐지라도 마음의 무게를 내려놓는 데 이보다 좋은 처방을 찾기는 쉽지 않다. 바쁘고 힘든 날일수록 더 차가 떠오르는 것은 그런 연유다.

그렇지만 단지 이 이유 하나뿐이었다면 차는 혼자 즐기

노스테라스 청년청담 다회

는 취미에 그쳤을 것이다. 한 걸음 더 나아가서 차 마시는 모임을 만들고, 차를 권하는 책을 쓰기에 이른 까닭은 차가 내게는 소통의 도구이기 때문이다. 차 한 잔을 앞에 두면 아무리 불편한 자리라도 대화의 징검다리가 생겨나고, 격 없는 사이에서도 선을 넘지 않도록 가드레일이 만들어진다. 덕분에 지난 20여 년간 세대와 국적을 넘어서 사람과 사람을 잇는 자리를 만들고, 교류의 끈을 이어올 수 있었다.

차가 가진 소통의 힘을 처음 느낀 것은 스물여섯에 처음 공군사관학교 교수요원으로 부임했을 때였다. 어린 나이에 교단에 서다 보니 생도들이 나이도 몇 살 차이 나지 않는 나를 교수로 받아들이고 함께 소통할 수 있을지 고민이 많았다. 사관학교도 엄연한 군조직이고, 계급사회이기에 교수의 권위에 도전할 학생은 없었지만 형식적인 팔로우십만으로는 교육목

운경재단 장학생들과의 차담

표를 달성하기 어려웠기 때문이다. 그래서 생각해낸 방법이 오피스 아워(상담 시간)에 제한을 두지 않고 찾아오는 이에게 차를 한 잔씩 내주는 것이었다. 차 한 잔 앞에 두고 학업은 물론, 진로, 연애, 인생 이야기를 들어준다는 소문이 나면서 연구실은 점점 북적이기 시작했고, 임관해서 학교를 떠나는 생도가 후배들에게도 차담을 계속해달라며 차를 사오면서 차가 자꾸만 늘어나는 기적도 일어났다. 이렇게 함께 차를 마시던 생도들과 10년 세월이 지난 지금까지도 좋은 인연을 이어오고 있으니, 차가 가진 소통의 힘은 지속성마저 긴 셈이다.

내가 차를 마시는 또 하나의 이유는 바로 차가 담고 있는 이야기들이다. 『사피엔스』의 저자 유발 하라리는 인간을 인간답게 만드는 가장 중요한 요소로 '이야기'를 꼽았다. 인간

232

덴마크 티 마스터들과의 비교 테이스팅

KBS 한민족방송에서 풀어놓은 차 이야기

은 경험하고 받아들이는 파편적인 감각과 정보를 서로 연결시켜 인과관계를 가진 이야기로 만듦으로써 자신을 둘러싼 세계를 안정적인 것으로 인식하고 의미를 도출할 수 있게 되었다는 것이다. 즉, 이야기는 우리 뇌가 세상을 인지하는 방식이라는 뜻이다. 차는 이야기의 음료라고 해도 과언이 아닐 정도로 이야기를 가득 담고 있으니, 하라리의 관점에서 보자면 우리는 차를 통해서 세상을 보다 넓고 다양하게 알아갈 수 있는 셈이다.

차와 차 도구가 가지고 있는 배경과 에피소드, 그리고 함께 차를 마시는 이들의 스토리를 나누다 보면 이야기로 시작해서 이야기로 끝나는 게 찻자리이기에 먹고 마시고 노는 자리로 여겨지기도 하지만 그렇지 않다. 차가 아니었다면 한 자리에 마주 앉을 일이 없었을 사람들이 한데 모여서, 서로 다른 전공과 직업에서 기인하는 전문 지식과 경험을 나눌 수 있는 것, 그리고 이를 통해 각자 사유의 폭이 넓어지고 새로운 아이디어와 기회를 얻는다는 의미는 결코 사소하지 않기 때문이다.

맥시멀리스트
선언

이 책은 미니멀리즘의 시대에 나직이 외치는 맥시멀리스트 선언이다. 단순함과 간결함을 추구하는 예술과 문화적인 흐름을 일컫는 미니멀리즘이란 표현은 1960년대부터 쓰이기 시작해서 예술과 디자인, 음악, 건축, 그리고 패션에 이르기까지 지대한 영향을 끼쳐왔다. 최근에는 북유럽 디자인과 최소한의 소유를 화두로 세련된 라이프스타일을 의미하는 표현으로 아예 자리를 잡았다. 미니멀리즘에 이의를 제기하는 것은 마치 외눈박이 세상에 떨어진 걸리버가 되는 용기가 필요한 일이 되고 말았다.

완벽하지 않은 것, 혹은 미완성의 아름다움을 귀하게 여긴다는 개념을 가지고 있는 일본 다도의 와비사비ゎびさび 정신 또한 최근 라이프스타일 트렌드로 재조명되고 있다. 세상이 복잡해진 만큼 우리는 간단명료하게 정리된 삶을 동경한다. 번잡하게 많은 것을 신경 쓰지 않아도 되는 삶은 부러움의

대상이 된다. 찻자리 역시 마찬가지다. 모든 것을 세트로 구비해야 마땅하다고 여기던 1990년대의 트렌드와 자신에게 필요하고 마음에 드는 것을 하나씩 구입하는 오늘날의 트렌드를 보면 분명한 변화를 느낄 수 있다.

사실, 미니멀리즘에 어울리는 찻자리를 갖추는 것은 어렵지 않다. 마치 정답을 외우듯, 누군가의 잘 정돈된 찻자리의 기물을 사다가 흉내를 내면 된다. 그렇지만 나만의 색깔을 갖춘, 내 라이프스타일과 내 가족, 친구의 구성에 알맞은 찻자리를 갖추기 위해서는 다양하게 경험하고 내 것으로 만드는 시간이 필요하다. 비록 그 시간 동안 맥시멀리스트라는 오명을 뒤집어쓰더라도 말이다.

결과로서의 미니멀리즘은 부정하지 않는다. 아니 부정할 수 없다. 나 역시 아르네 야곱센과 핀 율의 가구에 매료된 사람이기 때문이다. 허나 미니멀리즘에 이르기까지의 여정마저 미니멀할 수 있다는 착각에서 벗어나야 한다는 게 내 생각이다. 거칠게 비유하자면, 미니멀리즘은 노장사상에서 이야기하는 무위無爲에 가깝다. 마치 강태공이 강가에 앉아서 낚시질만 했는데 문왕이 그를 재상으로 임명한 것처럼 사람을 현혹한다. 그러나 보고, 비교하고, 경험하는 여정은 맥시멀할 수밖에 없다. 미니멀리즘을 이야기할 때 빠뜨릴 수 없는 루드비히 미스 반 데어 로에가 자신의 철학을 정립하기까지의 여정이 결코 미니멀하지 않았던 것처럼 말이다. 그런 의미에서 맥시멀리스트는 하나의 여정旅程이며, 이 책은 그 여로旅路에서 마주할 수 있는 행복과 즐거움에 관한 기록이다.

모두가 맥시멀리스트의 길을 걸을 수는 없다. 그러나 한 가지 확실한 점은 여백은 저절로 생기지 않는다는 것이다. 붓이 지나며 짙고 옅은 공간을 만들 때 비로소 드러난다. 안목 또한 그러하다. 부딪히고 경험해보지 않고서 만들어진 취향은 견고하지 않다. 살림은 세월이 쌓여 만들어지지만 그 살림이 하나의 컬렉션이 되는 경우는 드문 것처럼 말이다. 쉽지 않는 길을 걷는 데 대한 보상은 확실하다. 이일여중 김원진 선생의 일갈처럼, 그 사람(작가)의 시대가 지나가기 전에 그 사람의 작품을 써볼 수 있는 건 시행착오를 두려워하지 않고 자기 안목을 믿는 맥시멀리스트의 특권이다. 계절마다 각기 다른 차의 매력을 만끽하고, 그에 어울리는 찻자리를 경험해보는 것 역시 마찬가지다.

이미 눈치챈 사람도 있겠지만 이 책은 구성부터 맥시멀하다. 제목은 차를 막 시작한 이들은 위한 책처럼 보이지만, 어느 지점에 서 있든 차를 진지하게 고민하는 사람이라면 누구나 각자의 필요에 따라서 읽어나갈 수 있도록 얼개를 짰다. 그리고 마침내 마지막 챕터까지 도달했다면, 온전한 차 한 잔을 위한 맥시멀한 여정에 어느 정도 발을 들여놓았을 것이라고 믿는다. 결국 차는 자신의 취향과 체질을 파악하고, 그에 맞는 차를 구하고, 이를 다루는 방법을 익히고 필요한 도구를 구비하는 것이 전부이기 때문이다. 이 여정을 지치지 않고 완주하기 위해서 오감을 깨우는 호기심과 차벗이 필요할 따름이다. '하지 않는 것이지, 할 수 없는 것이 아니다不爲也, 非不能也-『孟子』, 梁惠王章句上'라는 자신감을 갖고 말이다.

프롤레타리아의 혁명이 결국 성공하지 못했듯, 맥시멀리스트도 결국 소멸할 것이다. 아니, 소멸하기를 바란다. 이런 선언이 필요하지 않을 만큼, 모두가 각자의 취향을 발견하고 안목을 갖춰서 아름다운 차 생활을 향유하는 시대가 오기를 바라기 때문이다. 그런 시대를 앞당기기 위해서, 그리고 우리 각자가 그 여정에서 행복을 만끽할 수 있도록, 만국의 맥시멀리스트가 단결하기를 바란다.

참고문헌

국사편찬위원회,『조선왕조실록』웹사이트 데이터베이스

김세리, 조미라,『차의 시간을 걷다』, 열린세상, 2020

김인,『차의 기분』, 웨일북, 2018

김창환(엮은이),『중국의 명문장 감상』, 한국학술정보, 2011

노무라미술관(엮은이),『다도와 한국의 전통 차문화』, 아우라, 2013

류건집,『다소 주해』, 이른아침, 2015

류정호,『여행길에 찻집』, 인문산책, 2014

무라카미 하루키, 오자와 세이지,『오자와 세이지 씨와 음악을 이야기하다』,
　　비채, 2014

박동춘,『박동춘의 한국차 문화사』, 동아시아, 2015

박동춘, 이창숙,『초의 의순의 동다송·다신전 연구』, 이른아침, 2020

박철상,『서재에 살다』, 문학동네, 2014

서유구,『임원경제지 만학지』, 소와당, 2010

서은미,『녹차탐미』, 서해문집, 2017

서은미 외 12명,『영화, 차를 말하다』, 자유문고, 2022

송혜진,『한국음악 첫걸음』, 열화당, 2017

오카쿠라 덴신,『차 이야기』, 도서출판 기파랑, 2012

유홍준,『나의 문화유산답사기 1』(개정판), 창비, 2011

유홍준,『안목』, 눌와, 2017

육우,『육우 다경』, 일빛, 2017

조송식,『중국 옛 그림 산책』, 현실문화, 2011

찰스 머클레인 외 9명,『토킹 어바웃: 위스키』, 오픈하우스, 2020

최혜인,「조선 후기 다화 연구」, 고려대학교 대학원, 2016

차茶를, 시작합니다

초판 1쇄 발행 2022년 5월 31일
초판 4쇄 발행 2024년 10월 17일

글·사진 김용재
펴낸이 정상우
편집 유나 이민정
디자인 위앤드(정승현)
관리 남영애 김명희

펴낸곳 오픈하우스
출판등록 2007년 11월 29일(제13-237호)
주소 서울시 은평구 증산로9길 32(03496)
전화 02-333-3705
팩스 02-333-3745
인스타그램 instagram.com/openhousebooks
페이스북 facebook.com/openhouse.kr

ISBN 979-11-92385-01-3 13590